CATECISMO DEL HEREJE

CATECISMO DEL HEREJE:

Un breve contra-alegato a la Iglesia católica

Ernesto García Uranga

Número de Control de la Biblioteca del Congreso de EE. UU.: 2013910569

| ISBN: | Tapa Blanda | 978-1-4633-5949-2 |
| | Libro Electrónico | 978-1-4633-5948-5 |

Este libro fue impreso en los Estados Unidos de América.

Fecha de revisión: 05/07/2013

Para realizar pedidos de este libro, contacte con:
Palibrio LLC
1663 Liberty Drive, Suite 200
Bloomington, IN 47403
Gratis desde EE. UU. al 877.407.5847
Gratis desde México al 01.800.288.2243
Gratis desde España al 900.866.949
Desde otro país al +1.812.671.9757
Fax: 01.812.355.1576
ventas@palibrio.com
463488

TABLA DE CONTENIDO

A mi hijo Ocnam,
para que no le cuenten.

"A los que van armados con el rigor y el conocimiento, difícilmente se les podrá embrutecer con las ideologías y las mentiras."

Ikram Antaki

AGRADECIMIENTOS

Vaya un especial agradecimiento a Edmundo Veloz Santos por haberse tomado el tiempo para leer el manuscrito y hacerme valiosas observaciones.

De igual manera, expreso mi gratitud a José Luis Hernández Villalobos por haber hecho a un lado sus múltiples ocupaciones en beneficio de mi trabajo; por sus acertadas sugerencias.

Sin la dedicación y ayuda de estos dos grandes amigos, este libro difícilmente hubiera visto la luz. Gracias. Estoy en deuda con ustedes.

INTRODUCCIÓN

La declaración de dogmas por la Iglesia católica* ha representado, y sigue representando, un punto de controversia; especialmente si la Tradición[1] y las Sagradas Escrituras le niegan su apoyo.

En la primera parte de este trabajo, y auxiliado por la Teología histórica[2], hago un análisis de la situación que se

---

*   En lo sucesivo: Iglesia.

[1] La tradición de la cual se habla aquí es la que viene directamente de los apóstoles y la que transmite lo que éstos oyeron y aprendieron de Jesucristo, pues recordemos que los primeros cristianos carecían de la palabra escrita como la conocemos hoy en el Nuevo Testamento.

[2] De acuerdo a Sinclair B. Ferguson, David F. Wright y J. I. Parker en el *New Dictionary of Theology*, Downers Grove, Illinois, 1988, pp. 306-307, "Teología histórica es el estudio de la historia de la doctrina cristiana. A través de los siglos siempre ha habido cierto estudio de la teología de épocas pasadas, pero la Teología histórica se manifestó por primera vez como una disciplina establecida por sus propios méritos durante el siglo pasado [se refiere realmente al siglo XIX]. Con el surgimiento del método histórico-crítico o el análisis científico de la historia, la historia de la doctrina cristiana se convirtió en un campo de estudio [...] La Teología histórica se enfoca en los cambios de creencias a través de los años. La Teología histórica también tiene que ver con la influencia que tiene el clima filosófico y social del momento sobre la teología, al mostrar que toda teología es voluntaria o involuntariamente contextualizada. A la Teología histórica frecuentemente se le acusa de ser una

refiere a la ilegitimidad de la declaración de dogmas por parte del Magisterio de la Iglesia; pues los argumentos del Papa y sus Obispos para reclamar este derecho se derrumban en el momento en que consideramos: que los Evangelios no pueden ofrecer apoyo al Magisterio para formular sus declaraciones de fe, ya que existe la sospecha, bien fundada, de que los dichos Evangelios no representan fidedignamente la palabra de Jesucristo; que la exclusividad del Papa y sus Obispos para declarar dogmas no es válida, pues no encuentra eco ni en la Tradición, ni en las Sagradas Escrituras; que la Revelación divina no consiste en la declaración de pronunciamientos que obligan a creer a los devotos, sino en el encuentro diario que ellos tienen con Dios; y, finalmente, que la infalibilidad de los dogmas es una burda bofetada a la necesidad de justicia social que tanto anhela la realidad histórica del momento.

En la segunda parte de este estudio exploro el tema de la religiosidad popular con el propósito de mostrar que la Iglesia ha permitido y promovido prácticas religiosas que se han constituido en un estorbo para el crecimiento de la verdadera fe —la cual debe estar en consonancia con la edificación de un mundo mejor, según lo establece el documento de los jesuitas "Fe y justicia".

La inquietud por investigar el tema de dogmas y devociones nace, primeramente, del escepticismo propio de nuestros tiempos. Ana María Velazco, por ejemplo,

---

disciplina relativista. Esto es verdad en cuanto a que presta atención al inescapable carácter humano e histórico de toda nuestra teología. En cuanto a tal, nos hace ver la constante necesidad de concentrarnos en los problemas de hoy bajo la luz de la palabra de Dios y no absolutizar el sistema teológico del pasado."

NOTA: En el presente trabajo, las citas provenientes de libros, revistas u otras fuentes de consulta con títulos en inglés son traducciones hechas por mí. Por lo tanto, asumo completa responsabilidad por la fidelidad de su traducción.

afirma que "…vivimos una época que bien podría llamarse de desmitificación o de cuestionamiento de las creencias establecidas […]".[3] En segundo lugar, mi interés por el tema se debe a la obstinación por parte de la Iglesia para exigir que sus fieles profesen absoluto apego y obediencia a lo que ella dicta en materia de fe, cuando en realidad —como afirma el decano de la teología moral católica, profesor Bernhard Häring—, "Se requiere […] de un luto por parte de la Iglesia, de la cabeza y sus miembros, por tantas doctrinas falsas que son constantemente reafirmadas".[4]

He dedicado varios años a la investigación de este estudio con la esperanza de que los creyentes católicos se percaten de que, por ahí, escondida, existe otra razón —muy opuesta a la oficial— del origen de las declaraciones de fe por parte de la Iglesia. Mi intención es armar a los devotos con esta información para que, si así lo desean, puedan liberarse de los extravíos absurdos de esta institución.

Con esto en mente, juzgo que el presente libro podría serle útil al católico contemporáneo por las siguientes razones: porque le muestra el lado histórico de tantas prácticas religiosas que ha aceptado ciegamente, sin confirmar su autenticidad; porque lo invita a vivir una fe pensada y acorde a las exigencias histórico-sociales del momento; porque estimula en él el experimentar su propia fe, sin que ésta sea diseñada por el Magisterio de la Iglesia; porque lo hace ver que el cuestionar modelos fosilizados no es herético, al contrario, es saludable para fortalecer sus

---

[3]   Velasco, Ana María: *Función de lo mítico en Cien años de soledad*, Ann Arbor, Michigan, U-M-I Dissertation Information Service, University Microfilms International, 1982, p. 60.

[4]   Häring, Bernhard: "I am Deeply Disturbed" en *Kirche intern,* March 1989 citado por Herbert Haag, prologistadel libro de Hans Küng: *Infallible? An unresolved Enquiry*, traducido por Eric Mosbacher, New York, Ed. Continuum, 1994, p. xii.

propias creencias; y, por último, porque le enseña que tiene derecho a disentir sin el temor de ser enviado a la hoguera.

El método que emplearé en la elaboración de este trabajo será el comparativo, pues se careará a la Teología oficial de la Iglesia con la Teología histórica para demostrar los excesos de la primera.

1. Dogmas

Nunca antes como ahora se había cuestionado tanto a la Iglesia con respecto a sus dogmas. Y es que —como dicen muchos creyentes— dichas declaraciones de fe no son un instrumento renovador; al contrario, son un instrumento que coarta el cambio que exigen los nuevos tiempos.

De acuerdo al Derecho canónico —creado por el mismo Magisterio de la Iglesia— le compete al Papa o al Papa y al Colegio de los Obispos hacer declaraciones dogmáticas. Es a ellos, según las propias leyes formuladas por la cúpula vaticana, a quienes Jesucristo, quien es palabra auténtica en el Nuevo Testamento, les ha encomendado la tarea de interpretar la forma en que los católicos deben vivir su fe.

Y para que no haya vacilación al respecto, el catecismo lo reafirma:

> El Magisterio de la Iglesia ejerce plenamente la autoridad que tiene de Cristo cuando define dogmas, es decir, cuando propone de una forma que obliga al pueblo cristiano a una adhesión irrevocable de fe, verdades contenidas en la Revelación divina o verdades que tienen con éstas un vínculo necesario.[5]

---

[5] *Catecismo de la Iglesia Católica*, Asociación de Editores del Catecismo, Espasa (Madrid), Ed. Coeditores Litúrgicos ET ALII-LIBRERÍA EDITRICE VATICANA, 1992, No.88, p. 32.

Queda claro, "...el dogma apoya su reclamo a la obediencia, basándose en su imposición jurídica"[6]; y no existe otra alternativa:

> Todos los fieles están obligados a observar las constituciones y decretos promulgados por la legítima autoridad de la Iglesia para proponer la doctrina y rechazar las opiniones erróneas, y de manera especial las que promulga el Romano Pontífice o el Colegio de los Obispos.[7]

Como se puede ver, el Magisterio de la Iglesia ha diseñado un plan de acuerdo al cual ninguna oveja debe salirse del redil. Y si, por casualidad, alguna llegase a disentir, se le eliminaría; pues la consigna es clara: obediencia absoluta; en el más absoluto silencio.

Sin embargo, y a pesar del despotismo de la ley canónica, los esfuerzos de la Iglesia por mantener a sus ovejas dentro del redil no han sido del todo fructíferos, pues, hoy en día, algunas de ellas se han armado de valor y han empezado a cuestionar, de una manera insistente, la autoridad del Vaticano. Y aunque el Magisterio ha rehusado responder a preguntas fundamentales relativas a la autoridad que se adjudica para guiar la vida espiritual de los católicos, no por eso estas preguntas han desaparecido; al contrario, parecen haber cobrado más fuerza. Prueba de ello es lo que Herbert Haag declara al citar un artículo de la revista londinense *The Tablet*:

---

[6] Hines, Mary E.: *The Transformation of Dogma: An Introduction to Karl Rahner on Doctrine*, New York/Mahwah, Ed. Paulist Press, 1989, p. 44.

[7] *Código de Derecho Canónico*, Madrid, Biblioteca de autores cristianos, 1990, No. 754, pp. 347-8.

Los teólogos dedican su vida y arduas horas de trabajo para sacar a la luz las verdades con las cuales la Iglesia está comprometida. Ellos hacen preguntas porque a ellos les han hecho preguntas. Hacen preguntas porque las preguntas están allí, suspendidas en el aire, y no desaparecen solamente porque la autoridad no les da importancia o las trata de olvidar. Las preguntas reprimidas envenenan la vida interior de la Iglesia.[8]

Luego, ahondando más en el asunto, y citando al profesor Ulrich Horst, agrega:

Las preguntas no desaparecen; el pasado nunca cesa, y está ahí entre nosotros sin ser percibido, con su reclamo sin respuesta. Todos los puntos cruciales en la historia de la teología son testigos que raramente es [...] la arrogancia de los teólogos lo que revive los conflictos que habían sido ya hechos a un lado. Estas son cuestiones recurrentes que se resisten a desaparecer.[9]

Y para finalizar, de una manera desafiante, el señor Haag, manifiesta: "¿Sería capaz de entender este lenguaje el Papa?"[10]

---

[8] De un artículo que se publicó en la revista londinense *The Tablet*, el 10 de junio de 1989, citado por Herbert Haag, prologuista de *Infallible?...*, por Hans Küng,obr. cit., p. xx.

[9] Horst, Ulrich, en: *ZurDebatte*, March/ April 1989 citado por Herbert Haag prologista de: *Infallible?...*, por Hans Küng, obr. cit.,p. xx.

[10] Haag, Herbert: prologista de: *Infallible?...*, por Hans Küng, obr. cit., p. xx.

A. Definición

Con respecto a su definición, dogma —dice la doctrina oficial de la Iglesia— es una declaración pronunciada por el Magisterio que tiene que ver con asuntos relacionados con la fe; esto es, con lo que se debe creer en materia doctrinal y de acuerdo a las verdades reveladas por Jesucristo en el Nuevo Testamento. "Los dogmas son luces en el camino de nuestra fe, lo iluminan y lo hacen seguro."[11]

Y por otro lado, el *Nuevo Diccionario de Teología* observa:

> En la Iglesia Cristiana el "dogma" llegó a ser una enseñanza autoritaria. Durante los tres primeros siglos los escritores latinos y griegos se inclinaban a llamar "dogma" a cualquier cosa relacionada con la fe. Crisóstomo usó el término específicamente para aquellas verdades reveladas por Cristo, y que estaban más allá de la razón. Santo Tomás de Aquino y los escolásticos no usaban comúnmente este término, preferían hablar de artículos de fe.
>
> A partir de la Reforma, el término pasó a designar aquellos artículos de fe que la Iglesia formulaba oficialmente como verdad que había sido revelada. Esto reflejaba, por lo tanto, un reconocimiento común de las Iglesias Reformadas y Romana en cuanto a que la formulación dogmática es una actividad de la Iglesia, que surge comúnmente como consecuencia de una controversia, o la necesidad de aclarar el camino de la fe que se debe seguir.[12]

---

[11] *Catecismo...*, obr. cit. No. 89, p. 32.

[12] Ferguson, Sinclair B., *et al.*: obr. cit., p. 203.

Por consiguiente, "...dogma implica la decisión final, por medio de una 'definición' solemne, la cual tiene, al mismo tiempo, la característica de un dictado canónico por parte de la Iglesia. Negarlo es considerado por la Iglesia, como 'herejía,' y se condena".[13]

B. Temas en controversia

A pesar de que hay muchos dogmas que la Iglesia sostiene como revelación divina, en esta primera parte de mi trabajo, como ya indiqué en la introducción, sólo analizo cuatro de ellos, los cuales considero como pilares del engranaje teológico que ha montado la Iglesia para justificar su hegemonía sobre los católicos. A saber: a) el Evangelio como justificación de los dogmas; b) la exclusividad del Magisterio para proclamar dogmas; c) la Revelación divina inspiración de los dogmas; y, por último, d) la infalibilidad de los dogmas.

a. El Evangelio como justificación de los dogmas

En primer plano, el catecismo —doctrina oficial de la Iglesia— enseña que "...'los mismos apóstoles y otros de su generación pusieron por escrito el mensaje de la salvación inspirados por el Espíritu Santo' (DV 7)".[14] Y que

> ...'Los autores sagrados escribieron los cuatro evangelios escogiendo algunas cosas de las muchas que ya se transmitían de palabra o por escrito, sintetizando otras, o explicándolas

---

[13] Rahner, Karl and Karl Lehmann: *Kerygma and Dogma*, New York, Herder and Herder, 1969, p. 37 citados por Hines, Mary E. en obr. cit., p. 44.

[14] *Catecismo...*, obr. cit. No. 76, p. 29.

atendiendo a la condición de las Iglesias, conservando por fin la forma de proclamación, de manera que siempre nos comunicaban la verdad sincera acerca de Jesús' (DV 19).[15]

Y luego señala: "Dios es el Autor de las Sagradas Escrituras porque inspira a sus autores humanos: actúa en ellos y por ellos. Da así la seguridad de que sus escritos enseñan sin error la verdad salvífica (*cf.* DV 11)".[16]

Ahora bien, desde el punto de vista de la Teología histórica, lo primero que hay que establecer en relación con este tema es que los Evangelios ni fueron escritos mientras Jesucristo vivía, ni fueron escritos inmediatamente después de su muerte.

Según Jefferey L. Sheler, el evangelio de San Marcos fue el primer evangelio que se escribió; posiblemente entre los años 50 y 70 de la Era Cristiana.[17] Y de acuerdo a Alhaj D. Ajijola, el evangelio de San Juan, el último evangelio escrito, según los investigadores, se sitúa entre los años 110 y 115.[18]

El meollo del asunto aquí, es la posibilidad de que dichos evangelios —a pesar de lo que dice la Iglesia— no transmitan de una manera fiel las enseñanzas originales expuestas por Jesucristo.

Empecemos por ver este asunto desde el punto de vista humano (porque no olvidemos que los Evangelios fueron escritos por individuos de carne y hueso).

---

[15]   Ibid., No. 126, p. 38.

[16]   Ibid., No. 136, p. 40.

[17]   Cf. Sheler, Jeffrey L.: *Is the Bible True?: How Modern Debates and Discoveries Affirm the Essence of the Scriptures*, United States of America, Harper San Francisco and Zandervan Publishing House, 1999, p. 34.

[18]   Cf.Ajijola, Alhaj D.: *The Myth of the Croos*, Chicago, Illinois, Ed. Kazi Publications, 1979, p. 91.

Nadie puede negar que a veces, involuntariamente, de un día para otro, se nos olvidan ciertas cosas de un mensaje que en un principio se nos comunicó. El resultado es: una deformación, en ocasiones considerable, de ese mensaje.

Y si a esto le agregamos que frecuentemente las distorsiones que confeccionamos nada tienen que ver con la memoria y todo con nuestra intención de satisfacer intereses personales, tenemos, entonces, que el mensaje original, ahora sí, perdió su legitimidad.

No creo que sea descabellado el inferir que este mismo razonamiento podría aplicarse a los Evangelios.

Para ejemplificar esta situación, consideremos los señalamientos que hace A. D. Ajijola —los cuales han sido presentados por eruditos investigadores como prueba de que los Evangelios carecen de autenticidad—. Así los manifiesta:

1. que no se hizo copia alguna de las inspiradas máximas que pronunció Jesús durante su vida;

2. que la información más reciente sobre dichas sentencias de Jesús —las cuales fueron escritas en algún momento después de su muerte— se ha extraviado irremediablemente;

3. que los Evangelios —los cuales fueron escritos entre los años 70 y 115 d.C.—, basados en algunos de estos documentos extraviados, contenían material que fue manipulado libremente; que los evangelistas, sin vacilación alguna, cambiaron dicho material para darle mayor gloria a Cristo, o para que conformara particularmente con el punto de vista de sus sectas;

4. que ninguno de los Evangelistas conoció a Jesús o lo escuchó hablar (los críticos modernos han probado que los evangelios de acuerdo a Mateo y Juan no fueron escritos por dichos apóstoles);

5. que [los Evangelios] fueron copilados para propagar los puntos de vista de las diferentes facciones; y que fueron escogidos de entre muchos otros que representaban facciones diferentes;

6. que [...] fueron escritos en griego, cuando la lengua que hablaba Jesús era arameo;

7. que por lo menos un siglo antes de que fueran escritos, no tenían autoridad canónica; y podían ser, y de hecho fueron, alterados por los copistas de las diferentes sectas, para satisfacer sus propios intereses;

8. que los primeros manuscritos existentes de los Evangelios —Códice Sinaiticus, Códice Vaticanus y Códice Alexandrinus— pertenecen al siglo cuarto y quinto —esto es, más de tres siglos después de que fueron escritos los Evangelios por primera vez;

9. que hay diferencias considerables entre los varios manuscritos existentes; y

10. que los Evangelios en su totalidad están llenos de contradicciones e inconsistencias.[19]

Es igualmente importante mencionar que el Nuevo Testamento fue canonizado en el año 325, en el Concilio de Nicea. En esta ocasión se aprobaron 27 libros. Y el método que se usó para su aprobación fue el voto; sin ninguna consideración a la autenticidad histórica de los libros. Nuevamente, Ajijola opina al respecto: "Los libros que fueron aceptados en esta congregación tenían muy poca evidencia histórica en cuanto a su autenticidad. [...] Es imposible saber con certeza quienes son los verdaderos autores de estos libros".[20]

---

[19]   Ibid., pp. 91-2.
[20]   Ibid., p. 77.

Por supuesto que es muy difícil conocer quiénes fueron los verdaderos autores del Nuevo Testamento, especialmente si consideramos que "...la crítica histórica ha demostrado cuantas tradiciones, estratos y teologías deben ser discernidos"[21] en ellos. Por ejemplo, "...algunos escritos [...] vienen de judíos que hablaban arameo, otros de judíos que hablaban griego, o de judíos gentiles; algunos realmente vienen de su verdadero autor [...] y otros son atribuidos a autores dudosos".[22] Y la cosa se complica si a todo esto le agregamos el hecho de que "A mitad de siglo [se refiere al siglo XX] [...] se asumía, en círculos académicos sobre el estudio del Nuevo Testamento, que los Evangelios estaban teñidos de mitología, y contenían poca, si acaso, historia verificable".[23] De ahí que Jeffery L. Sheler, al referirse al erudito John Dominic Crossan, declare: "Crossan rechaza casi todos los documentos sobre los Evangelios, por considerarlos inexactos".[24]

Ante esta evidencia en contra de la autenticidad de los Evangelios, uno se preguntaría: ¿qué validez tienen los argumentos por parte del Magisterio para reclamar que los dogmas que define son la palabra auténtica de Jesucristo revelada en el Nuevo Testamento?

Había pasado mucho tiempo antes de que se cuestionara al Magisterio en este terreno; pero finalmente se hizo, y se sigue haciendo. Lo lamentable es que la Iglesia pretende no darle importancia al asunto, ha fingido y sigue fingiendo sordera.

Pero, no por esto se han callado los disidentes; al contrario, esta cuestión cobra fuerza cada día. Muchos piadosos han llegado a la conclusión de que si la

---

[21]   Küng, Hans: *Christianity: Essence, History, and Future*, trad. Por John Bowden, New York, Ed. Continuum, 1994, p. 21.

[22]   Ibid., p. 22.

[23]   Sheler, Jeffery L.: obr. cit., p. 13.

[24]   Ibid., p. 189.

autenticidad del Nuevo Testamento está en tela de juicio, el derecho del Magisterio a proclamar dogmas también debería estarlo, pues éste se apoya en los Evangelios. Han llegado a comprender que si no hay certeza de que en el Nuevo Testamento se encuentre reflejado el mensaje original de Jesucristo, entonces la proclamación de dogmas por parte de la Iglesia es irrelevante. ¿En qué se basa el Magisterio —dicen los creyentes— para exigir esta facultad? ¿Qué en la Tradición de la Iglesia o en las Sagradas Escrituras les hace pensar que tienen la razón?

Y con esto en mente, pasamos al siguiente tema.

b. La exclusividad del Magisterio para proclamar dogmas

A través de la historia, la Iglesia se ha empeñado en demostrar, de una manera enérgica —no en pocas ocasiones haciendo uso de la violencia[25]—, que el Papa es sucesor directo de Pedro, y que el Obispo de Roma recibió la bendición petrina para promulgar dogmas, con la intención de fijar el camino espiritual que mejor conviene a los católicos para obtener su salvación. Los Obispos, con el Papa a la cabeza —dice el Magisterio de la Iglesia— son

---

[25] Cabe mencionar que el uso de la violencia en la Iglesia católica se justificó teológicamente a partir de San Agustín de Hipona. Hans Küng lo dice así cuando habla sobre el uso de la fuerza en cuestiones religiosas: "Agustín —impresionado con el éxito de las crudas acciones policíacas [se refiere a las acciones violentas que la Iglesia había usando en contra de aquellos que pensaban diferente con respecto a la religión]— pensaba que él también tenía que justificar teológicamente el uso de la fuerza contra herejes y cismáticos. Hizo esto echando mano de las palabras que pronunció Jesús en la parábola de El gran banquete —en su enfática traducción latina *Coge intrare*—: 'Fuercen (en lugar de 'convenzan') a esos que están fuera en los caminos y vallados a que entren'". Küng, Hans: *Christianity...*, obr. cit., p. 291.

los maestros auténticos para esparcir la doctrina contenida en los dogmas. Y para que no haya duda, lo deja claramente definido en el Derecho canónico:

> Los Obispos que se hallan en comunión con la Cabeza y los miembros del Colegio, [...] son doctores y maestros auténticos de los fieles encomendados a su cuidado; y los fieles están obligados a adherirse con asentimiento religioso a este magisterio auténtico de sus Obispos.[26]

Bajo este dictamen, los fieles no tienen otro papel que el de la obediencia: se les exige acatar lo que los "doctores y maestros auténticos" de la palabra de Jesucristo —los Obispos en comunión con la Cabeza— deciden sobre materia de fe; su obligación —la de los creyentes— es ser sumisos y seguir, al pie de la letra, las indicaciones de sus mentores.

Ante tal arrogancia, habría que formular un par de preguntas. Primera: ¿En qué se basa la Iglesia para nombrar a los Obispos como "doctores y maestros auténticos de los fieles encomendados a su cuidado"? Segunda: ¿Ha sido ésta siempre la situación? Es decir, ¿ha existido esta división entre una Iglesia que enseña y otra que es enseñada?

La respuesta a la primera pregunta es que la única base en la cual se apoya la pretensión de los Obispos como "doctores y maestros auténticos de la palabra de Dios" es la de su deseo de controlar al resto de la Iglesia.[27] No existe absolutamente nada en las Sagradas Escrituras que

---

[26] *Código...*, obr. cit., No. 753, p. 347.
[27] Cf. Küng, Hans: *Infallible?...* obr. cit., p. 192-3; donde cita, sobre este punto, el trabajo de Max Seckler: "'Die Theologie als kirchliche Wissenschaft nach Pius XII und Paul VI', *TubingerTheologische Quartalschift*, No. 149, 1969, pp. 209-34, cuya documentación será muy reveladora para muchos,

justifique este derecho. Además, "No es cierto que [los Obispos], [...] como reclama el tradicional texto teológico, [...] son los únicos y auténticos maestros en la diócesis y, junto con el Papa, en la Iglesia universal".[28] Ni siquiera, como podrían argumentar algunos, la sucesión de Pedro es prueba de esto; puesto que —como se verá más adelante— ésta, la sucesión de Pedro, se encuentra en tela de juicio por ser un tanto dudosa.

Por otro lado, cabe mencionar —y con esto respondemos a la segunda pregunta— que la congregación de los primeros cristianos incluía a laicos que también tenían la misión de predicar la Buena Nueva; lo hacían a la par con los discípulos de Jesucristo.

> ...era perfectamente normal en la congregación carismática, en la primera fase del cristianismo; pero en el segundo y particularmente en el tercer siglo fue relegada por la predicación de aquellos que tenían un puesto oficial en la Iglesia. Sin embargo, a pesar de todas las prohibiciones, la predicación laica continuó practicándose y tolerándose, y a partir del siglo doce fue aprobada nuevamente, en el caso de ciertos movimientos renovadores. No obstante, el Concilio de Trento reservó la predicación, en el sentido estricto de la palabra, a los Obispos y sus asistentes; y finalmente la predicación laica fue sometida a una prohibición general en el Código de la ley canónica de 1918.[29]

---

particularmente el discurso de Pío XII *Si diligis*, en occasion a la canonización de Pío X en 31.5.1954.", ibid., nota 68, p. 289.

[28] Ibid., p. 183.

[29] Ibid., p. 185.

¿Quién está llamado, entonces, a enseñar la palabra de Jesucristo en la Iglesia? "Depende de lo que se entienda por 'enseñar'", dice Küng. "Si por enseñar se entiende la proclamación del mensaje que es siempre fundamental para la Iglesia [...], la respuesta debe ser que cada miembro de la Iglesia, cada cristiano, puede y debe proclamarla. En este aspecto no hay distinción entre la Iglesia que enseña y la que es enseñada."[30] En las mismas Sagradas Escrituras se dice: "Testificar la palabra es la obligación del sacerdocio universal (Cf. Hebreos 13:15). La proclamación de la palabra es encomendada no sólo a unos cuantos pero a todos...".[31]

¿Y qué con respecto a la "oficialidad magisterial" del Papa y sus Obispos? Pues dicho término "...es un concepto poco claro; introducido relativamente hace poco, [...] en la era moderna, a finales del siglo diecisiete y principios del dieciocho".[32]

Sobre este tema, Hans Küng nos hace saber que

> El término *magisterio*, en el sentido técnico de la palabra, aplicado al concepto moderno de lo eclesiástico, se dio frecuentemente en las discusiones del Concilio Ecuménico Vaticano I. "Aquí, algunas veces se da en el sentido del enseñar; algunas veces en el sentido de la función y la competencia del enseñar; y finalmente —lo cual es nuevo— algunas veces se refiere al cuerpo de prelados quienes poseen la autoridad para enseñar públicamente, es decir, la oficialidad magisterial".[33]

---

[30] Ibid., p. 183.
[31] Ibidem.
[32] Ibid., p. 182.
[33] Ibid., p. 182, en donde también cita y sugiere consultar la documentación deCongar, Y., en:*L'Eglise de Saint Augustin à l'époquemoderne*, p. 446.

Por lo tanto, es claro que el término no encuentra apoyo ni en las Escrituras ni en la Tradición antigua, sino que fue una introducción moderna en conexión con la doctrina de la infalibilidad del Vaticano I. Por otro lado, la distinción entre Iglesia que enseña y la Iglesia que es enseñada [...] tampoco encuentra apoyo en las Escrituras.[34]

Gracias a la Teología histórica que ha puesto al descubierto cuestiones como ésta, muchos creyentes empiezan a reclamar más libertad para vivir su propia fe, sin que el Magisterio tenga que trazarles el camino exacto de su correspondencia con Dios. Después de todo, como se mencionó anteriormente, ¿quién le dio al Magisterio de la Iglesia la facultad para regular la fe? Ésta debe ser, y es, una experiencia muy personal; cada católico se relaciona con Dios de una manera diferente, porque sus necesidades espirituales son diferentes. ¿Por qué se tiene que seguir solamente una norma, la del Magisterio, para hablar con Dios? O

> ¿No querrá Dios, acaso, ser servido y alabado en lengua quechua, tipi-guaraní o yanomami? ¿No es la lengua una forma singular de *pronunciar* el mundo? ¿No le agradaría a Dios ser pensado, expresado y celebrado de las más diversas maneras? ¿Acaso no va a apreciar las danzas y los ritos de los afro-americanos? ¿Acaso no va a complacerse en los grandes sueños y mitos de los *xavantes* o de los *krain-akarore*? ¿Por qué razón todas estas gentes deben hacerse *otras*, dejar de ser lo que son, para acercarse a un Dios que de

---

34 Ibid., pp. 182-183.

tal manera se acercó, en su hijo Jesús, a la carne humana?[35]

No es de extrañar, entonces, que en estos tiempos modernos más y más católicos se resistan a perpetuar formulaciones doctrinales que, en muchas ocasiones, nada tienen que ver con su aquí y ahora espiritual. De pronto, se dan cuenta que el pedir más participación en la Iglesia para vivir su propia fe de una manera plena e independiente, no es ir en contra de la voluntad de Dios; es algo a lo que tienen derecho. Y no es que quieran eliminar a la jerarquía; al contrario, quieren establecer un diálogo con ella. Este diálogo es con la finalidad de que de alguna manera la Iglesia reconozca que los tiempos han cambiado, y que los creyentes contemporáneos sienten la urgencia de comunicarse directamente con Dios, sin necesidad de seguir al pie de la letra los patrones doctrinales establecidos por la Curia. Muchos seguidores católicos piensan que el Magisterio no es el único que tiene el derecho a predicar la palabra de Jesucristo; no es el único que tiene acceso a la comunicación directa con Dios, pues

> El mismo Jesucristo dijo: el Espíritu sopla donde quiere. En razón de esta libertad de Espíritu, no podemos querer discernir el Espíritu solamente con lo que sabemos de Jesús o de los criterios de la jerarquía. Al contrario, si el Espíritu sopla donde quiere, significa que puede haber presencia del Espíritu y verdadera profecía allí donde las

---

[35] Boff, Leonardo: *Quinientos años de evangelización: De la conquista espiritual a la liberación integral*, Santander, Editorial SAL TERRAE, 1992, p. 27.

personas viven la dimensión del Espíritu y hacen presente la misma actitud que tuvo Jesús...[36]

De ahí que la Iglesia tenga que aceptar que

La fe, por ser un acto humano, es también una fe pensada. Por lo tanto, comporta un cierto nivel de teología ya que la teología es también la inteligencia de la fe. En este sentido, el pueblo tiene también su teología popular, como expresión de su fe pensada, aunque no sea de forma sistemática o profesional. En todo ello goza de la asistencia del Espíritu...[37]

Además de esto,

La reflexión teológica forma parte de ese derecho a pensar de un pueblo [...] cristiano. Derecho a pensar en el Señor, a pensar su experiencia liberadora. Derecho a reapropiarse de su fe, una fe que le es constantemente arrebatada [...] para convertirla en justificación ideológica de una situación de dominación.[38]

¿Y qué con respecto a ese derecho que el Magisterio se ha otorgado a sí mismo para dictar formulaciones de fe?

Bueno, como antecedente podemos mencionar que durante los primeros siglos del cristianismo no existió una concentración de poder en una sola persona, como

---

[36] Boff, Leonardo: *Magisterio o Profecía?La Misión Eclesial del Teólogo*, México, D. F., Ed. Palabra Ediciones, 1991, p. 28.

[37] Ibid., p. 43.

[38] Richard, Pablo: *La Iglesia Latino-americana entre el temor y la esperanza: Apuntes teológicos para la década de los 80*, Tercera Edición, San José Costa Rica, Ed. DEI, 1982, p. 10.

la tenemos hoy en el Papa.[39] El énfasis más bien estaba en el servicio que los apóstoles y discípulos pudieran ofrecer a los demás. El servicio a los demás, y no el poder concentrado en una sola persona, es de lo que nos habla Hans Küng con respecto a la Iglesia de los primeros tiempos. Lo dice así:

> Aquí, yo parto de la evidencia bíblica de que en el Nuevo Testamento la palabra 'jerarquía' no sólo es consistente y deliberadamente evitada, sino también las palabras seculares con relación a puestos importantes en las funciones de la Iglesia, ya que ellas expresan poder. En lugar de esto, se usa un término más amplio, *diakonia*, servicio (en realidad 'servir la mesa'), el cual en ningún momento evoca asociación alguna con autoridad, control, puesto distinguido o poder. Aquí el mismo Jesús había fijado el criterio irrevocable. Casi no hay sentencia de Jesús [...] que no contenga el concepto de **servicio** (en la disputa entre los discípulos, en la cena, el lavatorio de los pies): el primero de todos es el que sirve (el que sirve la mesa). Sin lugar a duda, el Obispo de Roma nunca haría justicia a esta exigencia de Jesús, si solamente se hace llamar 'el servidor de los servidores de Dios' y, sin embargo, trata de dominar a estos servidores de cualquier forma y con cualquier método. No, de acuerdo a estas palabras de Jesús, no puede haber cargos predilectos entre sus discípulos, pues dichos cargos estarían simplemente constituidos por la

---

[39] Hans Küng dice que los historiadores están de acuerdo en que el inicio del pontificado de Urbano I, en el año 222, marca el nacimiento del Papado; cf. Hans Küng: *Christianity...*, obr. cit., p. 309.

ley y el poder, y esto, corresponde a la posición de aquellos que tienen control en el estado: 'Los reyes de las gentes les hacen sentir su dominio, y los que ejercen el mando sobre ellas son llamados bienhechores. Pero no así vosotros; antes bien, el mayor entre vosotros hágase como el menor, y el que manda, como el que sirve [Lucas 22:25 y ss.]'.[40]

Sin embargo, este modelo de cristianismo, basado en el servicio a los demás, iba a cambiar en los siglos cuarto y quinto, con "...la política de los papas romanos [...], quienes, apelando al apóstol Pedro, acumularon para sí más y más poder en la Iglesia y, finalmente, también en el estado".[41]

No creo pecar de irreverente si digo que hoy en día la Iglesia necesita una "...teología Petrina de servicio...[42]"; esto es, de servicio a los demás, en donde se ponga de manifiesto la forma en que el Papa y el Colegio de los Obispos deben estar al servicio del pueblo, como lo estuvieron los primeros cristianos, y como lo estuvo el mismo Jesucristo, sin reclamar superioridad sobre el resto de sus hermanos. Después de todo —desde el punto de vista de la Teología histórica—, el reclamo por parte del Obispo de Roma a la primacía Petrina es un tanto confusa, ya que existen muchas preguntas en torno a si efectivamente Jesucristo transmitió a Pedro el poder de atar y desatar cuestiones espirituales aquí en la tierra. Veamos.

Según el Nuevo Testamento, Jesucristo escoge y nombra a Pedro para que dirija el destino de su Iglesia.[43]

---

[40] Küng, Hans: *Christianity...*, obr. cit., pp. 321-22.
[41] Ibid., p. 284.
[42] Ibid., p. 322.
[43] "Tú eres Pedro, y sobre esta piedra edificaré mi Iglesia" (Mateo 16:18).

Nadie pone en tela de juicio que Pedro, "...el pescador quien vino de Betsaida y se casó en Cafarnaum, era ya **el portavoz de los discípulos** durante la actividad pública de Jesús...".[44] Sin embargo, él, Pedro, no por haber sido escogido por Jesucristo o por ser el portavoz de los demás apóstoles estaba por encima de ellos; al contrario, era "... el **primero entre iguales**".[45] Y esto no significaba que fuera perfecto, al contrario —y a diferencia de lo que reclamarían los papas en el futuro— Pedro era un hombre en toda la extensión de la palabra; es decir, un ser humano, que aunque estaba comprometido con Jesucristo no por eso dejaba de ser una persona que en ocasiones era incapaz de comprender las cosas que decía el Señor; era vagabundo, a veces se equivocaba, no era ni superhombre ni genio, llegó a ser pusilánime, a veces no se podía contar con él; en fin, un individuo que finalmente se dio a la fuga.[46]

Podría decirse, sin embargo, que puesto que Pedro fue el primero de los discípulos que presenció la resurrección de Jesucristo, este hecho lo constituiría en la piedra en la que Jesucristo edificaría su Iglesia.[47]

> Pero podemos asumir con la misma certeza —hoy en día, aun de acuerdo a la exégesis católica— que las famosas palabras de **Pedro como la roca** en la cual Jesús edificará su Iglesia, y que tienen un carácter arameo, pero que sorprendentemente no tienen paralelo en los otros Evangelios, no son palabras del Jesús terrenal, sino una construcción post-Pascual de la comunidad palestina o de Mateo.[48]

---

[44] Küng, Hans: *Christianit...*, obr. cit., p. 83.
[45] Ibidem.
[46] Cf. Ibidem.
[47] Cf. Ibidem.
[48] Ibid., p. 83-4.

Y ni modo de consultar con el pescador de Betsaida, pues desafortunadamente

> Los detalles en los que el Pedro histórico creía o predicaba no pueden ser revelados, ya sea por medio de las predicaciones en los Hechos [de los Apóstoles] —los cuales han sido editados por Lucas— o por medio de las cartas de Pedro en el Nuevo Testamento, las cuales no son auténticas.[49]

En resumen, lo único que es irrefutable es que Pedro era el portavoz del resto de los discípulos, "Pero Pedro de ninguna manera tenía autoridad exclusiva o poder legal monárquico de liderazgo (jurisdicción)".[50]

Esta revelación sobre Pedro despierta muchísima sospecha en cuanto al alegato del Magisterio para legitimar al Papa como el único heredero al trono vaticano, y como el único individuo con absoluta autoridad para decidir cuestiones de fe a nombre de todos los católicos.

Si es verdad, como supuestamente la Teología histórica ha comprobado, que Jesucristo nunca pronunció eso de "Tú eres Pedro y sobre esta piedra edificaré mi Iglesia" (Mateo 16:18), entonces las razones del Magisterio que justifican la primacía papal, están apoyadas en arena movediza.

A pesar de esto, desde casi los inicios del cristianismo, los que se constituyeron en cúpula de la Iglesia no han dejado de pregonar el autoritarismo del pontífice sobre los seguidores católicos. Veamos cómo se fraguó esta idea:

> No fue, sino hasta en la época de Constantino —y notablemente con el reducido Sínodo Occidental de Sárdica (Sofia) en 343— en que una estructura monárquica empezó a establecerse en la Iglesia

---

[49] Ibidem.
[50] Ibidem.

Occidental, bajo la influencia de Roma: el Obispo Dámaso reclamó por primera vez el título de *Sedes Apostolica,* exclusivamente para la Sede Romana; el Obispo Siricio [...] se auto-nombró por primera vez 'Papa', perentoriamente empezó a llamar 'apostólico' a su propio estado, adoptó el estilo imperial, y vigorosamente extendió su poder en todas direcciones; el Obispo Inocencio I insistió en que todas las cuestiones de importancia fueran presentadas ante el Obispo de Roma para que éste decidiera —después que se hubieran discutido en un sínodo—, y trató de establecer una centralización litúrgica con la ayuda de ficciones históricas...[51]

Sí, con ficciones históricas, porque la Iglesia —como veremos— ha empleado, en múltiples ocasiones, medios fraudulentos para justificar su posición como autoridad absoluta. Ha habido situaciones muy penosas que han dejado para siempre una marca negativa en la historia de la Iglesia; ejemplo claro, como mencionábamos anteriormente, es el caso de la sucesión del poder de Pedro al Papa. Aquí, la Iglesia ha argumentado que fue una transición directa, y para probarlo se remite a una carta que, según esto, el mismo Pedro le dio al papa Clemente —quien de acuerdo a "...la tradición de Tertuliano (ca. 160-ca. 225) y Jerónimo (331-420), fue consagrado por San Pedo, y por lo tanto su sucesor inmediato".[52]

Pese a la tradición de Tertuliano y Jerónimo, el teólogo Hans Küng nos revela lo siguiente:

---

[51] Küng, Hans: *Infalible?...,* obr. cit., pp. 92-3.
[52] Kelly, J. N. D.: *The Oxford Dictionary of Popes,* Primera edición, Great Britain, Oxford University Press, 1986, p. 7.

Las bases **históricas** que justifican al Obispo de Roma como el sucesor de Pedro, fueron establecidas con la ayuda de una carta del papa Clemente a Santiago, el hermano del Señor en Jerusalén. De acuerdo a esta carta, Pedro había transferido a Clemente, en última dispensa, el poder para atar y desatar (en terminología legal Romana *solvere* y *legare*); de esa manera, convirtiéndolo en su único y legítimo sucesor —excluyendo a los otros obispos—. Pero, hoy en día, sabemos que esta carta es una falsificación de finales del siglo segundo, la cual, sin embargo, no había sido traducida del griego al latín, sino hasta fines del siglo cuarto o principios del quinto. No obstante, de aquí en adelante, ésta sería la constante justificación para el reclamo Romano.[53]

Si la mencionada carta del papa Clemente a Santiago se considera el pilar para justificar las funciones del Sumo Pontífice como cabeza de la Iglesia, y si dicha carta es falsa, no nos queda otra opción que concluir que las exigencias del Magisterio están mal fundadas.

Y como si esto fuera poco, es imprescindible aclarar que la Iglesia de Roma, especialmente a partir del siglo V, en su afán de control absoluto, y preocupada por el prestigio del Papa, se dio a la tarea de inventar "...falsos actos de mártires y falsos actos de sínodos..."[54] que beneficiarían políticamente al Sumo Pontífice. Ejemplo de esto es la "...'**leyenda' del Santo papa Silvestre,** narrada con una habilidad increíble, con lujo de detalle y, sobretodo, con una clara intención política. Dicha leyenda, de autor desconocido, de entre los años 480 y 490, no

---

[53]   Küng, Hans: *Christianity...*, obr. cit., p. 316.
[54]   Ibid., p. 319.

tiene un auténtico contenido histórico en absoluto".[55] Esta historia tan leída en la Edad Media iba a tener una influencia directa en el siglo VIII para dar origen a una de las falsificaciones más notables de la historia de la Iglesia católica: la "**Donación de Constantino**". Esta patraña tenía el propósito de aumentar el poder del Papa, equivalente al de un emperador, y de consolidar en la Sede Romana el poder sobre todas las demás iglesias. "Este engaño apareció en el círculo de políticos del Papa, quienes querían proveer justificación 'histórica', tanto para la independencia de Roma de Bizancio, como para la fundación del estado eclesiástico."[56]

Y la cadena de fraudes no termina ahí: no podemos dejar de mencionar las falsificaciones de **'Dionisio el**

---

[55]   Ibidem. Según Küng, la leyenda va así: "Constantino, el furioso perseguidor de los cristianos, contrajo lepra; y no solamente fue curado, sino también convertido y bautizado por el Papa Silvestre. En efecto, el emperador, quien de iniciativa propia estaba planeando mover la sede del gobierno a Constantinopla, se arrojó al suelo ante el Papa, como señal de arrepentimiento, sin su vestimenta imperial e insignia; hizo penitencia, y cuando su pecado había sido perdonado, procedió con dicho cambio, con el consentimiento del Papa. El punto aquí era que el rival de Roma, Constantinopla, la ciudad del emperador y de los concilios, debía su ascenso gracias al favor del Obispo de Roma." (Ibidem)

[56]   Ibid., p. 320. De acuerdo a Küng, "Antes de partir para Constantinopla, Constantino no solamente confirió al Papa Silvestre I el derecho a llevar la insignia y la toga (morada) imperiales para diseñar el título y la posición de la Curia pontificia en la corte imperial y nombrar cónsules como patricios, sino también le legó Roma y todas las provincias, lugares y ciudades en Italia y las regiones occidentales. La posición del Papa vino a ser como la de un emperador. Por supuesto, Constantino había conferido a la sede Romana la primacía sobre todas las demás iglesias, especialmente sobre las de Antioquia, Alejandría, Constantinopla y Jerusalén". (Ibid., pp. 319-20)

Areopagita' cuya intención era la de justificar el sistema jerárquico de la Iglesia, el cual está en desacuerdo con el Nuevo Testamento.[57]

Y a esto habría que agregarle las "Falsificaciones de Símaco", que tenían la misión de poner en claro que el Sumo Pontífice estaba sobre todo y sobre todos; y que no había poder en esta tierra al cual debía someterse para ser juzgado.[58]

Aún más, el Papa reclamó y obtuvo exuberante poder a partir de lo que se llama la Reforma Gregoriana, en la Alta Edad Media. A partir de esta reforma, la Iglesia diseñó reglas y leyes que le permitirían tener una influencia centralista y jurídica en cuestiones doctrinales. Pero lo más significativo —y a mi juicio, verdaderamente escandaloso— es que a partir de este momento,

---

[57] Cf., Ibidem. Heans Küng dice que "'Dionisio' había introducido el concepto de 'jerarquía' terrenal ('regla santa'), el cual va contra la Biblia en todos sus aspectos. Lo basó en especulaciones extravagantes sobre una piramidal jerarquía celestial, y alabó al Obispo como poseedor de poderes místicos". (Ibid., p. 320)

[58] Cf., Ibidem. De acuerdo a Küng, "...las 'falsificaciones de Símaco', esas falsificaciones asociadas con el papa Símaco, y que tuvieron tanto éxito [...], también se originaron en el siglo seis. Éstas fabricaron los procedimientos de un Concilio ficticio, el de Sinuesa en el año 303, el cual incluyó la declaración *'Prima sedes a nomine iudicatur*: la sede primada no es juzgada por nadie'. En otras palabras, como suprema autoridad, el Papa no puede ser juzgado por nadie, ni siquiera por el emperador. ¿Qué significaron estas falsificaciones? He aquí la respuesta de un historiador [agrega Küng]: 'Las falsificaciones llevadas a cabo en ese tiempo pretendían proveer justificación histórica para los procedimientos del concilio (un sínodo Romano) y liberar por siempre a aquél que desempeñara el puesto de papa de cualquier corte terrena o espiritual (Nota 61: **H. Zimmermann**, *Papstabsetzungen desMittelalters*, 5f.;Cfr. **H.** Küng, Structures, Ch. VII.3, 'Conflict Between the Pope and the Church')'". (Ibidem)

La autoridad magisterial del Papa vino a reforzarse con la monstruosa falsificación de los Decretos del Seudo Isidoro del siglo nueve (115 documentos falsificados y atribuidos a los primeros obispos de Roma, desde Clemente de Roma en adelante, y 125 documentos con interpolaciones). Ellos destruyeron todo sentido por el desarrollo histórico de las instituciones y crearon la impresión de que la Iglesia había sido gobernada a detalle desde los primeros tiempos, por decreto pontificio. La imagen que se creó de la Iglesia y de la ley de la Iglesia es que todo dependía de la Autoridad romana. En cuestiones doctrinales, las afirmaciones que tuvieron mayor importancia en los documentos falsificados fueron las que decían que la convocación a concilios, incluyendo concilios provinciales, dependía de la autoridad del Papa, y que todas las cuestiones importantes de la Iglesia estaban sujetas a la decisión del Pontífice. El Papa, en virtud de su propia autoridad, era la norma para toda la Iglesia.[59]

De esta manera, apoyándose en documentos falsos, la Iglesia justificaría —y sigue justificando— su autoridad para disciplinar a los católicos en cuestiones doctrinales. Desde luego, esto iba en contra de las normas de la tradición.[60]

A partir de estos momentos la Iglesia adquiere un carácter monárquico y dictatorial, diseñado cuidadosamente para mantener a los católicos bajo el control absoluto del Papa; todo se concentraría en Roma y todo estaría precedido por el Sumo Pontífice.

---

[59] Küng, Hans: *Infalible?*...,obr. cit., p. 94.
[60] Cf. Ibid., p. 94.

Y sucede que bajo esta misma influencia monárquica y dictatorial creada por Gregorio VII, en la primera mitad del siglo trece, "...Graciano, el fundador de la ley canónica, escribió su libro de derecho —en el cual se establecieron las bases para lo que vendría en tiempos posteriores, incluyendo el Código de Ley Canónica de 1918— citando 324 referencias a pasajes de papas de los primeros cuatro siglos, y de los cuales se puede demostrar que 313 de estos pasajes son falsificaciones."[61]

No es de extrañar, entonces, que con todas estas revelaciones, gracias a la Teología histórica, un gran número de católicos contemporáneos cuestionen con más insistencia sobre los reclamos absolutistas y monárquicos de la Iglesia.

Lo que sí es sorprendente es que esta institución haya permanecido en silencio por tantos siglos, a sabiendas de que sus reclamos son un infundio. El Magisterio, lejos de hacer un acto de contrición, continúa insistiendo ciegamente en su absolutismo, eliminando definitivamente la posibilidad de una pluralidad teológica.[62]

A menos que el Papa y sus Obispos se abran y admitan, de una manera franca y directa, los innumerables errores que la Iglesia ha cometido, muchos católicos la seguirán cuestionando hasta obtener la verdad.

Pero desafortunadamente no se ve mucha luz en el horizonte, el camino sigue siendo escabroso para muchos creyentes; la teología tradicional, encarnada en el Magisterio, continúa empecinada en negarles la libertad para decidir por sí mismos cuestiones de fe.

---

[61]   Ibid., p. 95.

[62]   Cf. Reiser, William E. S. J.: *What are they saying about dogma?,* New York, N. Y./Ramsey, N.J., Ed. Paulist Press, 1978, p. xiii.

Ante esta situación Leonardo Boff pregunta: "¿Qué salidas existen para la crisis?"[63] Y se responde: "Conocemos dos clásicas en la historia de la Iglesia. Cada una de ellas está vinculada a un tipo de tradición."[64] Veamos:

> Según J. H. Newman, dos son las grandes tradiciones de la Iglesia: la tradición episcopal y la tradición profética...
>
> La tradición episcopal tiende a favorecer soluciones a las crisis mediante la intervención de la autoridad, usando medidas normativas e incluso de exclusión. La tradición episcopal no va necesariamente vinculada con métodos autoritarios. Pero por el hecho de que los apóstoles fueron las autoridades en la Iglesia, se favorece en esta tradición el principio de autoridad. En épocas de crisis, la autoridad se siente desafiada en su misión. Puede ejercer la autoridad de forma autoritaria. Y entonces pueden ocurrir represiones, castigos y regreso violento a formas del pasado, como maneras de resolver los problemas del presente. La salvación es vista en el poder y en el orden...
>
> En esta tradición se refuerza la jerarquía, identificada con la propia Iglesia [...]. Todas las cosas de la Iglesia son pensadas y conducidas a partir de la cúpula. [...] El derecho canónico, mucho más que el evangelio, constituye la gran referencia para la conducción de toda la Iglesia.

---

[63] Boff, Leonardo: *¿Magisterio o profecía?...*, obr. cit., p. 17.
[64] Ibidem.

La figura del Papa y de los obispos es exaltada sobremanera, hasta llegar a ser mistificada.[65]

La contraparte a esta manera de pensar y de actuar, dice Boff, es la tradición profética. Según esto,

> La tradición profética se inclina más a la creatividad, pues el profeta es el hombre de la palabra nueva para los tiempos de crisis. No mira simplemente al pasado. Antes bien, recupera lo más originario del pasado (la alianza, la conversión, la experiencia de Dios) y lo vuelve a decir según las exigencias del momento histórico. Por eso el profeta se sitúa fuera del ámbito del poder, donde cristalizan las tradiciones y los nuevos intereses. Habla desde la periferia hacia el centro. Parte de la base, **del pueblo** [énfasis mío]. Y aquí surgen los carismáticos que reinventan la Iglesia y encuentran salidas originales para las **inquietudes colectivas** [énfasis mío]. La historia de la Iglesia comprueba que los grandes reformadores, los creadores de nuevas formas de vida cristiana y los santos no salen generalmente de las curias sino de las situaciones críticas donde palpita la vida.[66]

O sea, que también los que no pertenecen al círculo de poder tienen la capacidad y la riqueza para reinventar la Iglesia, y no solamente el Papa y sus Obispos. Mientras no exista este reconocimiento por parte del Magisterio,

---

[65] Ibid., p. 17-18, y sugiere consultar sobre el tema a Newman, J. H., en: Esays I. "Apostolic Tradition", 1836. "The prophetic office in the Church", 1837.

[66] Ibid., p. 18.

continuará habiendo división entre los que quieren controlar y los que no quieren ser controlados. Esto solamente creará en muchos católicos un sentimiento de despojo, que finalmente los conducirá a ignorar a la jerarquía vaticana.

Me parece que los tiempos de imposición por parte de la cúpula eclesiástica han pasado a la historia; de ahí que considere la tradición profética que nos presenta Boff como la más apta para salir de esta crisis de poder y control entre la Iglesia y sus adeptos. Los católicos de hoy exigen un regreso al cristianismo primitivo en donde aun cuando había un escogido, éste "era primero entre iguales"[67]. Un regreso a un cristianismo en el cual lo más importante era el Evangelio, no el jefe de la Iglesia. En fin, el regreso a un cristianismo en el cual todos participaban en el movimiento creador de la Iglesia; y en donde a todos se les tomaba en cuenta por igual.

c. La Revelación divina, inspiración de los dogmas

El tercer tema que voy a tratar ligado a los dogmas es el de la Revelación divina como medio usado por Dios para transmitir las verdades de la fe al Magisterio.

El catecismo dice: "El Magisterio de la Iglesia ejerce plenamente la autoridad que tiene de Cristo cuando define dogmas, es decir, cuando propone, de una forma que obliga al pueblo cristiano a una adhesión irrevocable de fe, verdades contenidas en la Revelación divina o verdades que tienen con éstas un vínculo necesario".[68]

Como se puede ver, según la Iglesia, todos los dogmas encuentran su apoyo en la Revelación divina.

Sin embargo, habría que admitir que el concepto teológico de revelación divina es un tanto obscuro. He aquí lo que señala el catecismo al respecto: "...existe [...] [un]

---

[67] Cit. (45), p. 35.
[68] *Catecismo...*, ob. cit., No. 88, p. 32.

orden de conocimiento que el hombre no puede de ningún modo alcanzar por sus propias fuerzas, el de la Revelación divina...".[69]

Tal vez es por esto que "...la Biblia [que tiene intervención humana] no explica cómo se lleva a cabo precisamente la inspiración divina —ya sea que, como creen algunos, es 'verbal' y 'plenaria' (cada palabra y cada letra dictada por Dios) o que implica una forma divino-humana menos impositiva de colaboración".[70]

Ante tal dilema, me parece adecuado recurrir a la Teología histórica en busca de iluminación, ya que la Iglesia, al igual que la Biblia, nos dice que la Revelación divina se da, pero, no explica cómo se da.

Por lo tanto, le asignaríamos a la Teología histórica la tarea de explicarnos cómo es que se manifiesta la Revelación divina, y si efectivamente debe ser monopolio de la jerarquía eclesiástica el interpretarla y ponerla al servicio de sus declaraciones dogmáticas.

Según Karl Rahner,

> ...estamos acostumbrados [...] a aceptar las Escrituras sin ningún cuestionamiento. El Nuevo Testamento, especialmente, se ve como un total absolutamente homogéneo y sin diferencia; una especie de Suma de declaraciones reveladas todas a un mismo tiempo; como si fuera un código de ley o un catecismo compilado de una sola pieza, bajo una misma iniciativa.[71]

Sin embargo,

---

[69] Ibid., ob. cit., No. 50, p. 24.

[70] Sheler, Jeffery L.: obr. cit., p. 23.

[71] Rahner, Karl: *Theological investigations*, trad. Por Ernst, Cornelius, Baltimore, Helicon Press, 1961, p. 6.

No todas las frases en las Escrituras fueron escuchadas como si se hubieran transmitido por vía telefónica directa desde el cielo. Por temor a ser acusados de progresistas, frecuentemente hacemos a un lado la pregunta fundamental de cómo debe concebirse la revelación original de Dios a los primeros hombres que la escucharon. No obstante, es de suma importancia el aclarar que no todas las frases en las Escrituras se refieren a esta clase de revelación original.[72]

¿Cómo, entonces, debemos entender la Revelación divina? ¿Es posible que se haya dado solamente una vez en las Sagradas Escrituras y que fuera de ahí el evento de la Revelación no exista? O por el contrario, ¿es posible que la Revelación divina se dé cada vez que logramos encontrarnos con Dios y podemos entender su mensaje de salvación? Creo que "La manifestación de la inalterable Revelación divina es un proceso".[73] No es algo establecido de una vez por todas, algo que todo mundo debe entender de una sola manera; es, más bien, una experiencia que se repite frecuentemente y en múltiples formas. Porque

La revelación ni es hermenéutica ni es exégesis. La revelación pasa, esto es, Dios se encuentra con nosotros por medio de las Escrituras, así como la luz del día entra por la ventana. El énfasis está en la acción reveladora de Dios por medio de la inspiración, la devoción, la oración, etc.; lo cual acontece motivado por las Escrituras. Esa acción ocurre también en la liturgia, en la celebración

---

[72]   Ibidem.
[73]   Ibid., p. 7.

sacramental, por medio de homilías y de oración en grupo.[74]

En pocas palabras, la Revelación divina bajo el prisma de la Teología histórica tiene muchas posibilidades, no está limitada a un solo hecho.

De ahí que "...Rahner entiende la revelación como un evento y no como un grupo de proposiciones de las cuales se pueden deducir los dogmas. La Revelación es la palabra de Dios, esto es, su mensaje salvador como una totalidad".[75]

Si es cierto que la Revelación divina es un proceso marcado por el constante reencuentro, en diversas formas, de todos los hombres con Dios, entonces, ¿qué anda haciendo el Magisterio proclamando dogmas y alegando que sólo a él le habla el Espíritu Santo? ¿No será que ésta es una jerigonza —por no decir embuste— de la Iglesia, para confundir a sus seguidores y así mantenerlos bajo un perfecto control?

Tengo la sospecha de que éste es el caso. Y con esta sospecha en mente, pasemos al último punto sobre el dogma.

d. La infalibilidad de los dogmas

Según esto, el Papa y el Colegio de los Obispos son infalibles al declarar la doctrina de la fe, que debe sostenerse como definitiva para toda la Iglesia.

De los cuatro temas que se analizan en el presente trabajo en relación con el dogma, ninguno de ellos ha causado, y sigue causando, tanta polémica como el que

---

[74]   Reiser, William E., S. J.: obr. cit., p. 62.

[75]   Ibid., pp. 27-8 en donde menciona a Karl Rahner en: Karl Rahner and Karl Lehmann: *Kerygma and Dogma* (New York, 1969), p. 15ss.

tiene que ver con la infalibilidad del Papa y sus Obispos. No sólo dentro de la Iglesia, sino fuera; tanto clérigos como laicos siguen preguntando: ¿Cómo es que el Magisterio, formado por humanos, puede ser infalible? ¿Es posible que un ser humano sea capaz de no errar? Y si así fuese, ¿por qué y cómo le dio Dios ese privilegio a unos cuantos sobre los demás? ¿Qué puede tener un jerarca que no tenga un simple cristiano a los ojos de Dios? Y sin embargo, según el Derecho canónico,

> En virtud de su oficio, el Sumo Pontífice goza de infalibilidad en el magisterio cuando, como Supremo Pastor y Doctor de todos los fieles, a quien compete confirmar en la fe a sus hermanos, proclama por un acto definitivo la doctrina que debe sostenerse en materia de fe y de costumbres.
>
> También tiene infalibilidad en el magisterio el Colegio de los Obispos cuando los Obispos ejercen tal magisterio reunidos en Concilio Ecuménico, quienes, como doctores y jueces de la fe y de las costumbres, declaran para toda la Iglesia que ha de sostenerse como definitiva una doctrina sobre la fe o las costumbres; o cuando, dispersos por el mundo, pero manteniendo el vínculo de la comunión entre sí y con el Sucesor de Pedro, enseñando de modo auténtico junto con el mismo Romano Pontífice las materias de fe y costumbres, concuerdan en que una opinión debe sostenerse como definitiva.[76]

Antes de seguir adelante con este argumento, debo aclarar que la idea de infalibilidad está íntimamente ligada a la de sucesión apostólica y a la de tradición. Estas

---

[76] *Código…*: obr. cit., No. 749, pp. 345-7.

ideas se dieron por primera vez en Roma a una edad muy temprana.[77]

No hay duda de que en un principio el Papa y la Iglesia gozaban de primacía magisterial e infalibilidad, y esto se aceptaba, aparentemente, sin haber ningún problema. Las dificultades empezaron cuando ambas ideas se trataron de aplicar de una manera impositiva y autoritaria; y con el correr del tiempo, jurídica; atropellando la individualidad e independencia de las demás iglesias en cuanto a doctrina, liturgia y organización.[78]

Sin embargo, "El gran cambio [...] se dio en conjunto con la Reforma Gregoriana...".[79] Ya se mencionó anteriormente, como el papa Gregorio VII, en la segunda parte del siglo XI, diseñó un estilo monárquico de Iglesia, apoyándose —en múltiples ocasiones— en documentos que, según la Teología histórica, fueron falsos.[80] Este modelo, que para justificarse recurría a la primacía apostólica y a la tradición, serviría —siglos después— para formular el dogma de la infalibilidad del Magisterio.

Según Küng,

> Antes del siglo doce, propiamente dicho, la Iglesia Romana no había tenido autoridad magisterial, según ha sido demostrado recientemente por Yves Congar en su admirable trabajo sobre la eclesiología de la Alta Edad Media. En dicho estudio, Congar hace un resumen de la investigación histórica sobre el tema [y dice:] "El trabajo magisterial, con el cual específicamente se revistió al Papa, tenía más bien un carácter

---

[77] Cf. Küng, Hans: *Infallible?...,* obr. cit., p. 92.
[78] Cf. Ibidem.
[79] Ibid., p. 94.
[80] Cf. La sección "La exclusividad del Magisterio para proclamar dogmas" y especialmente las páginas 39-42 en este trabajo.

religioso, ya que Roma era el lugar en donde se dio el martirio de San Pedro y San Pablo. Pedro era la fe, Pablo el predicador de la fe. Todo mundo estaba de acuerdo en que la Iglesia Romana nunca había errado en la fe, y por lo tanto era un modelo, siendo la Iglesia de Pedro, el primero en profesar su fe en Cristo. Fue de esta manera como se estableció un ejemplo... Pero esto no era la admisión de lo que llamamos erróneamente la infalibilidad del Papa; o más exactamente, la infalibilidad de los juicios que él puede pronunciar haciendo uso de su irrevocable autoridad como pastor supremo y universal. Algunas veces se disputaban los pronunciamientos doctrinales hechos por los papas." Congar [dice Küng] se apoya aquí en el trabajo de J. Langen quien ensambló hechos y documentos para mostrar que al Papa no se le consideraba infalible del siglo siete al doce.[81]

Evidentemente existe una gran diferencia entre el que la Iglesia no errara en cuanto a tener fe, y el que el Papa fuera infalible con respecto a sus formulaciones de fe. "Se le atribuye al papa Lucio [dice Yves Congar citado por

---

[81] Küng, Hans: *Infallible?...*, obr. cit., p. 94 en donde cita a Congar, Yves en: (*L'Ecclésiologie du Aut. MoyenAge. De Saint Grégoire le Grand à la désunion entre Byzance et Rome*, Paris, 1968, pp. 159-60) y en donde nos indica Küng que Yves Congar, a su vez, apoya su trabajo en: Langen J.: *Das Vatikanische Dogma von dem Universal-Episcopatund der Unfehlbarkeit des Papstes in seinem Verhältnis zum Neuen Testamentund der exegetischenÜberlieferung*, 4 vols., Bonn, 1871-1876, Vol. II, pp. 123ss.

Küng] la declaración de que la Iglesia Romana, 'madre de todas las Iglesias de Jesucristo', nunca ha errado."[82]

Y esta idea se reforzó considerablemente en la segunda mitad del siglo XIII cuando Santo Tomás de Aquino, un individuo de incomparable calibre teológico, contribuyó con la edificación de las bases que servirían de apoyo a la definición del dogma de infalibilidad en el Concilio Ecuménico Vaticano I. Esto lo haría incorporando el nuevo desarrollo político-jurídico al sistema dogmático. En su obra, *Contra errores Graecorum*, presenta un exorbitante argumento a favor de las prerrogativas Romanas:[83]

> Todos estos capítulos [indica Küng] culminan en la afirmación, aparentemente formulada por primera vez de una manera dogmática por Tomás y después abruptamente definida por Bonifacio VIII en la Bula *UNAM* Sanctam, de "que el estar sujeto al Pontífice Romano era necesario para la salvación".[84]

Cabe mencionar que con respecto a la autoridad magisterial del Sumo Pontífice, Santo Tomás de Aquino, inadvertidamente, echa mano de documentos falsos para apoyar su soberanía. Hans Küng señala:

> En este artículo [el que establece "que el estar sujeto al Pontífice Romano era necesario para la salvación"], el cual tiene una importancia fundamental para la autoridad magisterial del Papa, Aquino nuevamente se apoya en citas

---

[82] Congar, Yves: *L'Ecclésiologie du HautMoyeMoyenAge....,* obr. cit., p. 230 citado por Küng, Hans:*Infallible?...*, obr. cit., pp. 94-95.

[83] Cf.Küng, Hans: *Infallible?...*, obr. cit., pp. 95-6.

[84] Ibid., p. 96 y cita a Santo Tomás de Aquino en: *Contra errores Graecorum, Pars II, cap. 32-5.*

falsas procedentes del trabajo de Cirilo, *Liber Thesaurorum*, quien, a su vez, las tomó de un trabajo anónimo, *Libellus de pocessione Spiritus Sancti* [y aquí Küng, para darle más peso a esta afirmación, cita a F. H. Reusch quien comenta:] "Se puede comprender el que Tomás haya citado del *Libellus* esos pasajes que fueron adaptados para establecer sus proposiciones con respecto a la primacía; sin embargo, según lo que se ha dicho, es claro que éstas son principalmente proposiciones que eran falsificaciones o interpolaciones por medio de falsificaciones".

Estas proposiciones basadas en falsificaciones [declara nuevamente Kung] fueron trasplantadas, después, a su *Summa Theologiae*, en donde realmente empezaron a hacer historia.[85]

Tratando de agregar más claridad al tema, habría que mencionar que el dogma de la infalibilidad del Papa y los Obispos se decretó en el Concilio Vaticano I, en el año de 1870, por el papa Pío IX. Sí, por el Papa de quien tanto se ha hablado como un individuo preocupadísimo por concentrar el poder en manos de la jerarquía católica; un Papa que estaba en contra de la modernidad, carente de conocimiento sobre los métodos científicos; y, para colmo de males, un individuo con una preparación teológica demasiado superficial: éste fue el Papa quien enumeró los errores de su tiempo y exigió el total sometimiento del estado y de la ciencia a la Iglesia católica.[86]

En el Concilio Ecuménico Vaticano I, entonces, se definió el dogma de la infalibilidad del Sumo Pontífice

---

[85] Küng, Hans: *Infallible?...*, obr. cit., p. 96 y cita a Reusch, F. H. en: *Die Fälschungen in demTractat des heiligen Thomas von Aquingegen die Griechen,* Munich, 188g.

[86] Cf.Küng, Hans: *Infallible?...*, obr. cit., Ibid., p. 75.

como un dogma revelado directamente por Dios.[87] Y la razón de su definición, cabe decirlo, no fue para contrarrestar ninguna herejía; fue, simple y sencillamente, para consolidar el poder en manos del Magisterio. "El [Concilio] Vaticano I no citó ningún testimonio de las Escrituras que mostrara la necesidad de definir las proposiciones como infalibles, ni tampoco mostró la evidencia de una tradición universal ecuménica que las justificara."[88]

Siendo así, uno se preguntaría: ¿cuáles son, entonces, las bases en las que se apoyó el Concilio Vaticano I para formular dicho dogma? Realmente, "...de acuerdo a la teología, no existen bases en las Escrituras, ni proporcionadas por los concilios, o por los Obispos, o por el Papa, que justifiquen las proposiciones infalibles".[89] De ahí que lo único que aparece en el capítulo referente a la infalibilidad, en la constitución dogmática Pastor Aeternus del 18 de julio de 1870, del Concilio Ecuménico Vaticano I es "— ...aparte de una referencia indirecta a Mateo 16:18 ...— una cita de las Escrituras [...]. Dicha cita dice: 'He orado por ti Simón, que tu fe no desvanezca, y una vez que te hayas recuperado, puedas dar fuerza a tus hermanos' (Lucas 22:32)".[90]

En esta cita de Lucas, Küng señala "Que Lucas 22:32 (así como Mateo 16:18 y Juan 21:15) se refieren a una posición magisterial, pero que no se menciona el concepto de infalibilidad".[91] Y más adelante aclara: "... no fue sino hasta el siglo cuarto que Mateo 16:18ss fue citado (especialmente por los obispos romanos Dámaso y

---

[87]   Cf. Ibid., p. 89.
[88]   Ibid., p. 124.
[89]   Ibid., p. 181.
[90]   Ibid., p. 89.
[91]   Ibidem.

León) para dar apoyo al reclamo de primacía, aunque sin reclamar formalmente infalibilidad…".[92]

Pero,

> Si este punto [el de la justificación de la infalibilidad del Papa y los Obispos] necesita de más ilustración [argumenta Küng], […] consideremos los textos conciliares citados en apoyo a la infalibilidad del Papa, en el capítulo IV de la Constitución *Pastor Aeternus*. Ninguno de estos tres textos, sorpresivamente extensos, se origina de un concilio generalmente reconocido.[93]

A pesar de que en este documento —el capítulo IV de la Constitución *Pastor Aeternus*— se evoca el apoyo del Concilio de Constantinopla (869-70), el de Lyon (1274) y el de Florencia (1439) con relación a la infalibilidad del Papa y sus Obispos, sin embargo, dicho apoyo se desvanece al comprobar que en dichos concilios se trata el tema de la supremacía del Papa, pero de ninguna manera el de su infalibilidad.[94]

Por lo tanto, y sin temor a equivocarnos, podemos decir que

> La definición de infalibilidad del [Concilio] Vaticano I se apoya en escasas referencias a la tradición. […] Y aquí debemos aclarar, si es que no queremos ir en círculos con respecto a nuestros argumentos, que ninguna tradición de la Iglesia debe aceptarse sin una crítica; al contrario, debe someterse a un examen bajo la luz del mensaje original cristiano; en otras palabras, debemos

---

[92] Ibid., p. 91.
[93] Ibid., p. 98.
[94] Cf. Ibid., p. 99.

preguntar si esta tradición representa un desarrollo que está de acuerdo con el Evangelio, en contra del Evangelio o fuera del Evangelio [...]. Su existencia [la de la tradición] en la práctica, y frecuentemente también su validez jurídica, de ninguna manera la justifican teológicamente desde el punto de vista del Evangelio. De ahí que existan algunas dudas con respecto a la infalibilidad de la primacía magisterial del Obispo de Roma, aun desde el punto de vista de su existencia en la práctica.[95]

Como se puede ver, ni el Concilio Vaticano I, ni el Concilio Vaticano II presentaron pruebas sólidas en las cuales se pudiera basar el derecho a la infalibilidad del Papa y los Obispos.[96] Es claro que "...la doctrina tradicional sobre la infalibilidad en la Iglesia, a pesar de la precisión descriptiva en los textos de teología y en los [Concilios] Vaticano I y II, descansa en bases que no pueden considerarse como seguras, desde el punto de vista de la teología actual...".[97]

En conclusión, "El caso del dogma de infalibilidad, basado en las Escrituras y en la tradición, es simplemente tan exiguo como frágil".[98] Lo sorprendente para muchísimos cristianos y no cristianos es el hecho de que la gran mayoría de los obispos hayan dado su aprobación a tal definición. Las razones que explican este hecho, de acuerdo a Küng, son varias, mas no es la tarea de la presente investigación hacer un análisis sobre ellas.[99]

---

[95] Ibid., p. 91.
[96] Cf. Ibid., p. 123.
[97] Ibid., p. 102.
[98] Ibid., p. 99.
[99] Ver más sobre el tema en Ibidem.

C. Aspecto histórico-cultural

Hasta fines del siglo XIX y principios del XX la Iglesia había mantenido que el dogma era inmutable, es decir, que una vez dada la Revelación divina ésta no cambiaba; y que las declaraciones doctrinales basadas en dicha revelación eran permanentes, para todos los tiempos.

> La intención, sin lugar a duda, de las declaraciones del Papa era excluir que el cambio tocara el contenido de la verdad revelada: "Una vez que cualquier significado del sagrado dogma haya sido declarado por la Santa Madre Iglesia debe permanecer siempre; y no debe existir desviación alguna para dar espacio a un entendimiento más profundo del mismo".[100]

A partir de esta posición, se han formulado muchísimas preguntas; tanto por creyentes, como por no creyentes.

Por ejemplo, algunos quieren saber cómo es posible que declaraciones de fe que nacieron en otros tiempos y en circunstancias histórico-culturales específicas se quieran aplicar a nuestra realidad moderna; especialmente si no tienen nada que ver con la realidad histórica del católico contemporáneo. Porque, después de todo, como dice William Reiser al destacar el pensamiento de Leslie Dewart: "...el contenido de un dogma —lo que un dogma quiere afirmar— está culturalmente condicionado".[101] Es decir, "El significado de un dogma representa la forma en que la conciencia religiosa vivió la misión de Cristo,

---

[100]   Reiser, William E., S. J.: obr. cit., pp. 7-8, donde cita el document: DS 3020 (The Church Teaches, p. 34).

[101]   Reiser, William E., S. J.: obr. cit., p. 41, en donde menciona a Dewart, Leslie: *The Future of Belief* (New York, 1966).

en un tiempo determinado".[102] "Una doctrina que nace de una situación histórico-cultural específica no puede ser aplicada a otra situación histórico-cultural, sin que se tomen en cuenta las diferencias entre ellas."[103]

Hasta principios del siglo XX, la Iglesia, como ya se indicó, había declinado reconsiderar este aspecto histórico-cultural y exigía, inflexiblemente, que sus doctrinas se siguieran al pie de la letra, sin que hubiera en ellas variación alguna. De ahí que muchos católicos, encarando lo que ellos consideraban una irracionalidad por parte de esta institución, decidieran mejor abandonarla, pues no encontraban en ella un significado para su fe presente, ya que se aferraba en mantener declaraciones dogmáticas de antaño.

Lamentablemente, ya en pleno siglo XXI, su posición no ha cambiado; al contrario, persiste su aberración, de tal manera que, como dice Mary E. Hines, "Un problema muy significativo hoy en día es que estas verdades centrales de la fe se han separado [...] de nuestra propia experiencia ...".[104] Si un dogma o doctrina nace de cuestionamientos históricos específicos, y si la historia está en constante cambio, cómo, entonces, es posible que apliquemos los mismos dogmas a todas las edades, sin tomar en cuenta estos cambios históricos. Éste es el principal problema en el que se encuentra la Iglesia al declarar que los dogmas son inmutables, ya que "El dogma refleja la manera en que una generación particular entendía [y entiende] el significado del evangelio; una expresión de la forma en que Dios se reveló [y se sigue revelando] a sí mismo en esa [y en esta] época".[105]

---

[102] Ibidem, Ibid.
[103] Reiser, William E., S. J.: obr. cit., p. 23.
[104] Hines, Mary E.: obr. cit., p. 2.
[105] Reiser, William E., S. J.: obr. cit., p. 71.

Precisamente por esta resistencia de la Iglesia a reconsiderar los dogmas en un nuevo contexto histórico-cultural, los creyentes —y no creyentes— la responsabilizan de participar en la perpetuación de problemas histórico-sociales pecaminosos. El gran teólogo Karl Rahner, nos dice Mary E. Hines, insistía en que "…la verdad y la falsedad no son las únicas posibles propiedades de las declaraciones humanas. [...] a pesar de ser verdad, los dogmas, al mismo tiempo, podrían ser inconvenientes, históricamente inapropiados; en otras palabras, pecaminosos y culpables".[106]

La iglesia, por lo tanto, se encuentra ante una contradicción: por un lado ata a sus seguidores contemporáneos a dogmas promulgados en otros tiempos y para otras gentes; y por otro, predica los Evangelios, los cuales se contraponen a esta idea.[107] La Iglesia debería adoptar la visión de Rahner, dice Mary E. Hines, quien "Lejos de considerar dogma y evangelio antitéticos [...] ve al dogma existiendo en una continuidad dinámica con las escrituras".[108]

Esta "continuidad dinámica" se refiere a que "El Nuevo Testamento muestra claramente la necesidad de traducir la Revelación cristiana a palabras y conceptos apropiados para ciertos tiempos y lugares en particular".[109] De ahí que "La fe cristiana [...] hoy en día [por ejemplo] [...] debe ser entendida en relación con las ciencias sociales…".[110]

En efecto, a la luz de las ciencias sociales se le debe dar una nueva interpretación al dogma, de tal manera que éste signifique algo para el católico actual.

---

[106] Hines, Mary E.: obr. cit., p. 47, en donde menciona a Karl Rahner en: "What is a Dogmatic Statement?" TI V: 42-66.

[107] Cf. Reiser, William E., S. J.: obr. cit., p. 4.

[108] Hines, Mary E.: obr. cit., p. 39, en donde menciona a Rahner, Karl, en: *Kerygma…*, obr. cit., p. 69.

[109] Hines, Maty E.: obr. cit., p. 39.

[110] Ibid., p. 83.

En un mundo tan injusto y tan conflictivo se necesita una nueva interpretación de la doctrina de la Iglesia que ofrezca la posibilidad de corregir los errores sociales del momento. Porque, ¿qué sentido tendría seguir aferrados a formulaciones ortodoxas que perpetúan las injusticias del pasado? Ninguno. En el contexto del aquí y el ahora social, las diferentes comunidades de la Iglesia deberían tener la libertad para interpretar su fe, de acuerdo a la problemática única que las acosa; de esta manera se podría dar solución a problemas diferentes, en circunstancias diferentes. O sea que, en este sentido, se requiere de la interpretación pluralista del Evangelio, así estaría más de acuerdo con la realidad de los creyentes.

Por supuesto,

> Pluralismo significa que las diferencias culturales y sociales no pueden ser ignoradas por la Iglesia, cuyo mensaje está dirigido a todas las naciones. También significa que habrá una variedad de perspectivas y contextos en los cuales se escuchará, se entenderá y se expresará el mensaje del Evangelio. [...] esta variedad empezó en el Nuevo Testamento.[111]

Si se quiere que el dogma tenga un lugar importante en la vida espiritual de los católicos, éste debe ser reinterpretado, de tal manera que ofrezca posibilidades de cambio en nuestra sociedad. En otras palabras, como señala Mary Hines: "Si el dogma va a sobrevivir, debe ponerse en claro que será solamente si conduce a la acción a favor de los seres humanos. Los dogmas pueden y deben ser recuperados y entendidos en su verdadero sentido;

---

[111] Reiser, William E., S. J.: obr. cit., pp. 21-2.

como transformadores no sólo de individuos, sino de la sociedad en sí."[112]

Por consiguiente, y a manera de conclusión, reitero: es una necesidad imperante que la Iglesia reconozca que sus formulaciones de fe de ninguna manera pueden ser inmutables. Es imprescindible que la Iglesia adopte una posición más conciliadora ante la necesidad de reinterpretar sus dogmas: de acuerdo a las necesidades histórico-culturales del momento.

Si la Iglesia continúa insistiendo en la inmutabilidad de sus dogmas, corre el peligro de que se le acuse de perpetuar situaciones sociales pecaminosas. Esta institución debe aceptar la posibilidad de un análisis de sus dogmas para descubrir de qué manera se adaptan a los tiempos modernos y de qué manera siguen apoyando situaciones que nada significan para el católico de hoy. De acuerdo a esto,

> Metz y Lamb proponen recuperar el dogma en la práctica contemporánea —orientar la teología aplicándole tanto una hermenéutica de sospecha como una de recuperación—. Así como ninguna teología es políticamente inocente, el dogma tampoco lo es; puede tener raíces y consecuencias políticas. Para que los dogmas, que conducen a la acción, puedan ganar o recuperar su posición como declaraciones poderosas de la creencia cristiana, deben ser estudiados críticamente para determinar su verdadero contexto social y político. Al hacer esto, se puede evitar la verdadera posibilidad de legitimar, inconscientemente,

---

[112] Hines, Mary E.: obr. cit., p. 132.

estructuras sociales injustas, a la par con el dogma.[113]

Pero, si esto no se da, "...¿cómo evitar que los militantes dejen de denunciar el arcaísmo de las fórmulas dogmáticas, el autoritarismo de la jerarquía, y la falta de sentido de la historia...?"[114] Si la Iglesia no permite hacer una investigación de la validez histórica de sus dogmas, ¿cómo vamos a saber si éstos no son más bien un estorbo, en lugar de una ayuda, para vivir más plenamente la fe personal?[115] Creo que sería un error muy grande si la Iglesia continuara insistiendo en la obediencia absoluta a sus dogmas, sin prestar atención a las necesidades actuales de los creyentes. En este caso, "[Karl] Rahner dice **no** [énfasis mío] a cualquier entendimiento de proposiciones que estén divorciadas de la realidad que ellas vacilantemente articulan".[116] En pocas palabras: "...construiría una equivocación pensar que el recitar los antiguos credos o fórmulas en la lengua filosófica o teológica en la cual fueron escritos, sería una forma de fe para hoy en día".[117] Se necesita que la Buena Nueva sea eso, 'nueva', un mensaje diferente, para tiempos diferentes, que liberen al creyente de sus cadenas de injusticia social.

El dogma, pues, en estos momentos históricos, debe reinterpretarse de tal manera que se exprese con un lenguaje profético. Es decir, con un lenguaje que denuncie

---

[113] Ibid., p. 133. Hines explica lo que Metz y Lamb proponen con respecto al dogma. Y sobre el mismo tema, según Mary Hines: "Una hermenéutica de sospecha significa que los dogmas también deben ser investigados a causa de sus aspectos negativos y alienantes de tal manera que dichos aspectos se traigan a la luz para ser tratados". Ibid., p. 134.

[114] Boff, Leonardo: ¿*Magisterio o profecía?*..., obr. cit., p. 17.

[115] Cf. Hines, Mary E.: obr. cit., p. 47.

[116] Ibid., p. 154 en donde menciona a Karl Rahner,

[117] Ibid., p. 91 en donde menciona a Karl Rahner,

la ranciedad de las formulaciones de fe —que en nada
ayudan a resolver los problemas sociales del presente—
y que al mismo tiempo anuncie, con fortaleza, una
transformación que lleve a crear un mundo más justo para
todos.

2. Devociones

En esta sección voy a presentar dos puntos de vista con relación a las devociones o sacramentales, como también las llama la Iglesia tradicional: el de la doctrina oficial de la Iglesia y el de su contraparte, una exégesis crítica.

De aquí en adelante usaré el término 'devociones' en lugar de sacramentales. Sin embargo, en algunas de las citas que se incluyen en este estudio, sus autores prefieren el de 'sacramentales'.

Esta sección está estructurada de la siguiente manera: A) Empezaré por presentar una definición de lo que la Iglesia católica entiende por devoción, cuál es la función de ésta, y quién decide su aprobación o su eliminación; B) abordaré el tema de los grupos que practican la religiosidad popular, hablaré brevemente sobre su origen —el de la religiosidad popular—, especialmente en América Latina, y también sobre algunas de sus características principales; C) analizaré en qué consiste la verdadera fe cristiana de acuerdo al "Decreto Cuarto" de la Congregación General XXXII de los jesuitas; D) presentaré algunos ejemplos de devociones de la religiosidad popular que, a mi manera de ver, van en contra de la verdadera fe cristiana, en el sentido de que carecen de una acción transformadora; y, por último, E) propondré cómo es que hay que re-inventar las devociones existentes, de tal manera que conlleven el mensaje de Jesucristo, basado en una fe capaz de ser elemento transformador.

A. Definición

Con respecto a su definición, las devociones son prácticas religiosas que nacen de la misma Iglesia, o que vienen de una religiosidad popular —esto es, creadas por el pueblo.

Antes de ahondar en este tema, me parece importante mencionar que

> Previo a la Alta Edad Media, el término 'sacramento' (sacramentum) se usaba también para denominar ritos, oraciones y objetos que no fueran los siete sacramentos. A partir del siglo trece la Iglesia hizo una distinción entre lo que era 'sacramento' y lo que eran 'sacramentales'. Los teólogos, entonces, definieron los sacramentos como las siete acciones instituidas por Cristo, que causan lo que ellos significan. Sacramentales, por otro lado, decían ellos, se asemejan a los sacramentos, pero fueron instituidos por la Iglesia, y preparan a los participantes para recibir la gracia.[118]

De acuerdo a esto, las devociones deben tener una semejanza con los siete sacramentos instituidos por Jesucristo; de tal manera que, por ejemplo, la bendición de los alimentos, que mucha gente hace antes de comer, tiene una relación directa con el sacramento de la eucaristía.[119] Otro ejemplo sería el de cualquier ceremonia en la cual se

---

[118] Miller, Michael J., C. S. B.: prologuista de *A handbook of Catholic Sacramentals*, por Ann Ball, Huntington, IN., Our Sunday Visitor Publishing Division, 1991, p. 10.

[119] Cf. Ibid., p. 12.

usa el agua bendita, ya que existe una conexión directa con el bautismo.[120]

Ahora bien, la función de las devociones consiste en proporcionar gracia santificante a los creyentes y así acercarlos más a Dios.[121] Aunque también, por otro lado, según J. Michael Miller, la función de las devociones es encargarse de nuestras "...necesidades temporales: una buena salud, un buen clima, una abundante cosecha[15]".[122]

Por su parte, el Derecho canónico establece que la función de las devociones es dar expresión a la fe de los creyentes: "Los sacramentales son signos sagrados, por los que, a imitación en cierto modo de los sacramentos, se significan y se obtienen por intercesión de la Iglesia unos efectos especialmente espirituales".[123]

Si de devociones se trata, es preciso señalar que existe un sinnúmero de ellas que se practican en la Iglesia católica y que varían de acuerdo a las diferentes culturas del mundo. La Iglesia no favorece ninguna de ellas ni tampoco tiene un número específico de ellas. Lo que sí pone muy en claro, por medio del Derecho canónico, es lo siguiente: "1) Sólo la Sede Apostólica puede establecer nuevos sacramentales, interpretar auténticamente los que existen y suprimir o modificar alguno de ellos. 2) En la confección o administración de los sacramentales, deben observarse diligentemente los ritos y fórmulas aprobados por la autoridad de la Iglesia".[124]

---

[120] Cf. Ibidem.
[121] Cf. Ibid., p. 13.
[122] Ibidem.
[123] Codigo...: obr. cit., No. 1166, p. 513.
[124] Ibid., No. 1167, pp. 513-15.

B. Religiosidad popular

Hablando de religiosidad popular, lo primero que debemos establecer es que

> ...la religiosidad popular no es la religión de las clases menos favorecidas económicamente, sino la religión de las mayorías con poco cultivo religioso. Se dice esto en distinción de las minorías tanto **clericales** (sacerdotes, religiosos y demás élites institucionales) como laicales (grupos de fieles más cercanos al clero), que tienen un mayor cultivo religioso.
>
> La religiosidad popular puede darse incluso en personas de clase media o alta. Sin embargo, como los miembros de las clases económicas más fuertes tienen poca o ninguna preocupación espiritual y además han tenido mayor atención religiosa, la mayoría de los practicantes de la religiosidad popular está entre los estratos más pobres económicamente.[125]

En cuanto al origen de la religiosidad popular en el contexto católico, debemos señalar que nace, en gran parte, de la necesidad que el creyente ha tenido de encontrar un consuelo ante sus temores, sus preocupaciones, su incertidumbre; surge como refugio para todos aquellos que sufren a causa de la miseria, de la pobreza, de la explotación política; en pocas palabras, brota como consecuencia de una expoliación total.

Hablando del caso particular de América Latina, la religiosidad popular fue alimentada por la carencia de una

---

[125] Deirós, Pablo Alberto: *Historia del Cristianismo en América Latina*, Fraternidad Teológica Latinoamericana, Buenos Aires, 1992, p. 122.

verdadera evangelización. Desde un principio la Iglesia descuidó las necesidades espirituales de los indígenas, concentrándose únicamente en la de los conquistadores; después de todo, ¿por qué había que preocuparse por aquellos esclavos a quienes se les consideraba menos que humanos? Y ante esta carencia espiritual, los indígenas se vieron en la necesidad de llenar con sus creencias religiosas este vacío creado por la Iglesia. De ahí que en el continente latinoamericano, hoy en día, no es difícil encontrar, en muchas devociones católicas, un matiz de las culturas precolombinas o de la cultura de los esclavos negros del Caribe. De hecho, muchas celebraciones religiosas no son más que celebraciones de estas culturas con un disfraz de catolicismo.[126]

> En síntesis, la religiosidad popular es fruto de la evangelización incompleta y alienante, llevada a cabo desde los días de la conquista hasta el presente... [127]
>
> ...la Iglesia patriarcal, en lugar de servir con Cristo a los indígenas, los obligó [...] a servir como esclavos de los conquistadores, usando para ello todos los métodos de la violencia. Las imágenes del Cristo sufriente y agonizante y de la Virgen Dolorosa sirvieron para interiorizar en los indígenas y sus mujeres un patrón de conducta sometida y dócil. No se predicó el mensaje liberador del evangelio, sino una religión formalista y ritualista. El mensaje que se predicó sirvió para sacralizar el sistema de conquista y represión, y para definir las penas como virtudes y el sufrimiento como bendición.[128]

---

[126]   Cf. Ibid., p. 123.
[127]   Ibid., p. 126.
[128]   Ibidem.

Consecuentemente, las devociones practicadas en América Latina por la religiosidad popular, desde los tiempos de la conquista hasta nuestros días, han sido creadas a partir del modelo represor de la cristiandad.[129] Dichas devociones están identificadas "...con las estructuras caducas de una iglesia rezagada".[130] Sobre ellas se posa una aureola de carácter utilitario; de ninguna manera cumplen con la finalidad de hacer crecer la fe;[131] se usan "... únicamente para obtener bienes, comúnmente temporales, [...] abusando [así] los sacramentales".[132]

Esta clase de devociones utilitaristas, por otro lado, esparcen una pasividad engendrada en una interminable repetición, que de alguna manera impide una auténtica reflexión sobre el mensaje liberador del evangelio, el cual debe ir siempre acompañado de una acción transformadora.

Habría que mencionar aquí que afortunadamente en nuestra época, aunque sea en un pequeño grupo de creyentes, "...la seguridad que viene de hacer algo porque

---

[129] Según Pablo Richard: ("Las Comunidades Eclesiales de Base en América Latina", en Cuadernos Americanos Nueva Época, Universidad Nacional Autónoma de México, Año II, 12 Noviembre-Diciembre, 1988, Vol. 6, p. 128.) "El modelo de Cristiandad ha sido tradicionalmente un modelo autoritario de Iglesia; en su historia pesa también el genocidio indígena de la conquista colonial y la legitimación prolongada de la esclavitud afroamericana; la Cristiandad [...] se ha distinguido por su carácter falocrático y machista. Para decirlo brevemente, en la Cristiandad la Iglesia ha quedado cautiva de un sistema de dominación etnocéntrico, racista y machista".

[130] Padre René de la novela *El ocaso de Orión* por Oscar Uzín (La Paz, Amigos del Libro, 1972) citado por María de las Nieves Pinillos en "Repercusión de la Teología de la Liberación en la Narrativa Iberoamericana", en Cuadernos..., obr. cit., p. 64.

[131] Cf. Miller, J. Michael, C. S. B, prologuista de *A handbook of Catholic Sacramentals*, por Ann Ball, obr. cit., p. 13.

[132] Ibid., p. 14.

'siempre se ha hecho' ya no tiene influencia sobre [...] [ellos], como había tenido por décadas o tal vez siglos. Las viejas tradiciones ya no funcionan como motivos, ni para las prácticas actuales, ni para los planes del futuro".[133] Sin embargo, debemos admitir también, que la gran mayoría de devotos en nuestro continente latinoamericano, continúa ejerciendo las devociones utilitaristas de antaño, que conducen a "...una piedad estéril".[134] Razón por la cual Ann Ball manifiesta que

> Los no católicos, y aun algunos católicos, se quejan de que los sacramentales y las prácticas devotas contribuyen a una especie de 'automatismo' en nuestra relación con Dios. Éstos no católicos nos acusan [a los católicos] de que simplemente por hacer algo, ir a algún lugar, o recitar oraciones, nos imaginamos que hemos obtenido la salvación. Los críticos piensan que el enfocarnos en 'los pequeños sacramentales', en el catolicismo, no promueve una conversión profunda; al contrario, el creyente se conforma con ejercicios piadosos que supuestamente le garantizan resultados espirituales y temporales. [...] Para los críticos, los sacramentales son, en el mejor de los casos, supersticiones, y, en el peor, idolatría.[135]

---

[133] Dues, Greg: *Catholic Customs & Traditions: a popular guide*, Second Printing of revised edition, USA, BAYARD Mystic, Ct, 2000, p. 8.

[134] Ball, Ann: obr. cit., p. 14.

[135] Ibid., p. 13.

Las devociones tomadas en este sentido vendrían a ser, para usar un término de Erich Neumann, un "incesto urobórico".[136]

Según esto, el incesto urobórico, dice Neumann, se manifiesta cuando el individuo es incapaz de enfrentar el mundo por sí mismo, y en su lugar, busca refugio en donde pueda encontrarlo; deja que alguien más tome decisiones por él, quiere que su protector le resuelva los problemas. El incesto urobórico es señal de muerte, pues el individuo es absorbido por alguien ajeno a él, que está en control de su vida. El incesto urobórico es una especie de regresión en el proceso que debe seguir todo ser humano hacia la obtención de su madurez.[137]

De tal manera que si aplicamos el concepto del incesto urobórico a la religiosidad popular, tenemos que decir que el devoto comete tal incesto al esperar que alguien más le resuelva sus problemas; en este caso, Dios, por medio de la Virgen o los santos. Sus prácticas devocionales utilitaristas no son más que el medio que emplea para cometer el incesto urobórico. Y así como el incesto urobórico es una regresión, y sobre él se posa el símbolo de muerte, así también estas prácticas devocionales representan muerte y regresión, pues no exhortan a una acción transformadora, característica de la fe verdadera. Estas costumbres piadosas perpetúan la pasividad y hacen que el creyente permanezca en espera de algo que tal vez nunca llegue.

En conclusión, ¿qué es, pues, la religiosidad popular?

Bueno, en el caso latinoamericano, concretamente hablando, podríamos decir que la religiosidad popular es "...el conjunto de convicciones y prácticas religiosas que grupos étnicos y sociales han elaborado, a través de una

---

[136]   Cf. Neumann, Erich: *The Origins and History of Consciousness*, Prinston, N. J., Prinston University Press, third printing 1973, p. 16.

[137]   Ibid., Cf. pp. 16-7.

adaptación especial del cristianismo, a culturas típicas latinoamericanas".[138] Podríamos también definirla como "...el conjunto de mediaciones y expresiones religiosas nacidas del genio y la entraña del pueblo no culto, según los modos tradicionales típicos de cada agrupación humana, y transmitidos de generación en generación".[139] El papa Paulo VI la definió como "...las expresiones particulares de la búsqueda de Dios y de la fe en el pueblo".[140] Sin embargo la Segunda conferencia del CELAM agrega a estas definiciones la de tener la capacidad de degenerar en "...prácticas mágicas y supersticiones".[141]

Y aquí, con esta última idea en mente, es necesario hacer un pequeño paréntesis para denunciar que ciertos grupos de poder civil, con su obsesión por el control, han aprovechado este estado de cosas, de tal manera que

> Es evidente el "uso político" que se ha hecho de la religiosidad para mantener a las masas alejadas de toda ideología de transformación social y de toda actitud de cambio. La religiosidad popular ha llegado a ser, en algunos casos, un verdadero "opio religioso", para forzar a las masas a aceptar su situación de opresión y marginalidad, como la voluntad de Dios, o una bendición; la represión y violencia institucionalizada, como expresión de valores occidentales y supuestamente cristianos;

---

[138] Deirós, Pablo A.: obr. cit., p. 118 en donde cita el documento presentado por El Consejo Episcopal Latinoamericano, en marzo de 1974, a los obispos latinoamericanos que participarían en la III Asamblea General del Sínodo de Obispos (Roma, octubre de 1974).

[139] Ibid., obr. cit., pp. 119-20.

[140] Papa Paulo VI: *Evangeli Nuntiandi*, 48 citado por Pablo A. Deirós, obr. cit., p. 118.

[141] II CELAM *"La Iglesia en la actual transformación"*, 2:117, citado por Pablo A. Deirós: obr. cit., p. 126.

y el quietismo e inmovilismo social, como expresión de amor cristiano y solidaridad.[142]

Y sin embargo, después de todo lo dicho,

> Menospreciar la religiosidad popular o rechazarla, como mero paganismo, significaría un error en la estrategia misionera. La masa popular latinoamericana no es una tabla rasa para el Evangelio cristiano. El evangelista cristiano tiene un punto de partida en la religiosidad popular, desde donde proyectar la luz de la verdad del Evangelio de Jesucristo.[143]

En efecto, no se trata de destruir las devociones enclavadas en la religiosidad popular; al contrario, partiendo de ellas, se les debe dar una nueva interpretación, de tal manera que contengan el mensaje de Jesucristo, el cual requiere de un compromiso basado en la verdadera fe cristiana.

¿Pero en qué consiste esta verdadera fe cristiana que hemos venido mencionando?

Bueno, efectivamente, antes de presentar algunos ejemplos de devociones que a mi manera de pensar carecen de verdadera fe cristiana, debo explicar en qué consiste dicha fe. Lo cual nos lleva al siguiente punto.

C. La verdadera fe cristiana

Según Pablo Deirós, la "…fe es la actitud por la que el ser humano acoge la revelación que Dios hace de sí

---

[142]   Deirós, Pablo A.: obr. cit., p. 137.
[143]   Ibid., p. 133.

mismo en Jesucristo, y se compromete con él [sic] y con su reino".[144]

Esta idea encuentra eco en el documento de los jesuitas *El servicio de la fe y la promoción de la justicia*.[145] En dicho documento se establece que la fe no significa quedarse uno sentado con los brazos cruzados en espera de beneficios que le caigan directamente del cielo. La verdadera fe, aparte de creer en la palabra de Dios, debe ir imprescindiblemente acompañada de obras, de otra manera sería una fe estéril, pues no promovería la justicia.

El cardenal De Lubac dice que

> La fe no es tan sólo un modo de conocer. Es algo totalmente distinto de una simple convicción. Es un acto esencialmente personal que, cuando se comprende debidamente, compromete el fondo mismo del ser, orientándolo en su totalidad.[146]

"La fe sin las obras es una fe muerta",[147] o sea que "no es una verdadera fe".[148]

La fe, como menciona el cardenal De Lubac, "compromete el fondo mismo del ser" ya que a la luz del Evangelio existe una relación íntima entre fe y justicia. En

---

[144] Ibid., p. 117.

[145] "'El servicio de la fe y la promoción de la justicia' (o 'Fe y justicia', como dicen algunos para abreviar), aprobado en 1975 con ocasión de su Congregación General XXXII. (La Congregación General no es otra cosa que el 'Capítulo General' de la Compañía de Jesús)", citado por Jean-Yves, Calvez en la Introducción de: *Fe y justicia: La dimensión social de la evangelización*, trad. por José Fernández de Retana, S. J., España, Editorial Sal Terrae, 1985, p. 7.

[146] Lubac De, H.: *La foichrétienne*, Ed. Aubier, París 1969, p. 144, citado por Jean-Yves Calvez: obr. cit., p. 141.

[147] Arrupe, Pedro: En "Arraigados y cimentados en la caridad", n. 54, citado por Jean-Yves Calvez: obr., cit., p. 138.

[148] Ibid., n. 53, citado por Ibid., p. 137.

otras palabras, no hay verdadera fe si "No hay verdadero anuncio de Cristo, ni verdadera proclamación de su Evangelio; [es decir], sin un compromiso resuelto por la promoción de la justicia".[149] Debe entenderse que "No hay conversión auténtica al amor de Dios sin una conversión al amor a los hombres y, por tanto, a las exigencias de la justicia. [...] la evangelización [...] no puede realizarse verdaderamente sin promoción de la justicia".[150]

En la verdadera fe no hay espacio para la contemplación, se requiere la acción. En un mundo tan lleno de injusticia, finalmente los cristianos se dan cuenta que el ultraje a sus vidas, "...contradice el designio histórico de Dios: la pobreza constituye un pecado social que Dios no desea; se impone un cambio urgente para ayudar a los hermanos...".[151]

> Esta percepción suele expresarse con el lenguaje de la denuncia profética y del estimulante anuncio de cambios; [...] se apoya en una evidente postura de fondo: la situación no puede seguir así; se impone una alteración de las relaciones sociales y dotar a los grupos dominados de un mayor poder, a fin de que las nuevas estructuras sean menos opresoras.
>
> Esta práctica [...] propicia una lectura peculiar de la fe cristológica. Todos los gestos, palabras y actitudes de Jesús, que suponen una llamada a la conversión/cambio de relaciones; su toma de postura ante los marginados de la

---

[149] Decreto Cuarto, n. 27, en el Documento de los jesuitas: "El servicio de la fe y la promoción de la justicia", citado por Jean-Yves Calvez: obr. cit., p. 138.

[150] Calvez, Jean-Yves: obr., cit., p. 228.

[151] Boff, Leonardo: *La fe en la periferia del mundo: El caminar de la Iglesia con los oprimidos*, trad. por Jesús García-Abril, 2ª. ed., Santander, España, Sal Terrae, 1980, p. 23.

sociedad judía; su preferencia por los pobres; los conflictos que tuvo con el *status quo* religioso y social de su tiempo; el contenido político de su anuncio del Reino de Dios; los motivos que le llevaron a la muerte, ...todo esto adquiere una especial relevancia y acaba por componer la imagen de un Jesús liberador distinto de Cristo-monarca celestial de la piedad dogmática oficial, o del Cristo vencido y sufriente, propio de la piedad popular.[152]

Hablar de fe no solamente comprende estrictamente lo religioso, "...la fe engloba y ordena toda la existencia, incluidas las prácticas políticas".[153] En este contexto debemos entender "...la fe historizada como una práctica emancipadora".[154] De ahí que, por ejemplo, "La Teología de la Liberación es fundamentalmente un acontecimiento de fe [...] a partir de la cual emerge una manera nueva de vivir, reflexionar, proclamar y celebrar el mensaje de Jesucristo".[155]

En conclusión, hablar de fe verdadera es hablar del compromiso que adquieren los hombres para promover el mensaje liberador de Jesucristo, es decir, para promover la justicia. Tener verdadera fe es pasar a ser sujeto creyente con la capacidad para transformar un mundo de injusticia, y no continuar siendo objeto, en donde el devoto se concreta a pedir beneficios temporales.

Sin perder esto de vista, ofrezco a continuación algunos ejemplos de devociones que en nada contribuyen a fortalecer la verdadera fe cristiana.

---

[152] Ibid., pp. 23-4.
[153] Ibid., p. 87.
[154] Vidales, Raúl (Centro Vasco de Quiroga, Morelia, Michoacán): *La Matriz Histórica de la Teología de la Liberación*, en Cuadernos..., obr. cit., p. 101.
[155] Ibidem.

D. Ejemplos de devociones caducas de la religiosidad popular

Son innumerables los casos de devociones que alimentan una fe pasiva que no contribuye a un cambio social en pro de la justicia.

Tomemos por ejemplo la devoción a los santos que, dicho de paso, "...en algún momento, después del Concilio Ecuménico Vaticano Segundo, las autoridades del Vaticano admitieron que no existían pruebas históricas de que algunos [de ellos] [...] existieran".[156]

La aserción es correcta: tales devociones a santos dudosos han sido producto de la imaginación "espiritual" de los muy devotos, o de la Iglesia, o de los dos.

Y para ilustrar el caso, he aquí un ejemplo concreto: la devoción a El Señor de los Milagros, de las comunidades campesinas de Guasayán, Santiago del Estero, Argentina.

El Señor de los Milagros es Jesucristo, aunque se refieren a Él también como a un santito, quien aparece en una cruz de aproximadamente 35 centímetros de tamaño.

La devoción empezó cuando,

> Según la tradición oral, esta imagen del "Señor de los Milagros" fue encontrada en un árbol, en la raíz de un quebracho, por unos hacheros, Don Juan Manuel Sotelo y Don Antonio Sotelo, o por los padres o abuelos de ellos, según otras narrativas. No se sabía precisar el año, pero parecería que fue a fines del siglo pasado y comienzos de este [sic] [me parece que se refiere a los siglos XIX y XX]. Estos hacheros decidieron llevarla [a la imagen] a una iglesia, y

---

[156] Berryman, Phillip:*Liberation Theology: The essential facts about the revolutionary movement in Latin America and beyond*, New York, Pantheon Books, 1987, p. 70.

allí el sacerdote le puso el nombre de "Señor de los Milagros".[157]

Y de esta manera, sin investigar el origen de la imagen o a los que la encontraron, el cura, representante de la Iglesia, decide agregarla a tan ya prolongada lista de devociones.

Esto no me parecería del todo mal, si se tratara de una devoción que afirmara la verdadera fe. Pero sucede lo contrario: es una devoción que fomenta la pasividad, pues su única finalidad es la de pedir favores individuales al Señor de los Milagros.

Sobra decir que la obligación de la Iglesia es corregir estos excesos; sin embargo, lejos de eso, se convierte en cómplice de ellos. Nótese, por ejemplo, como en el caso de El Señor de los Milagros "...el cura fue el que puso que dos días puede salir [de la iglesia], y el día jueves y domingo tienen que prenderle velas en su casa, para que la gente le pueda alumbrar, y en abril, para Semana Santa, le hacen una buena velada".[158] O sea que la Iglesia no solamente permite esta devoción, sino que va más allá: la fomenta.

Éste es el tipo de devociones que ayuda a perpetuar, como ya dijimos, la pasividad en los creyentes, ya que cualquier católico, que no haya perdido de vista la esencia del mensaje evangélico de Jesucristo, se percatará de que ni veladas, ni procesiones, ni ruegos ayudarán a cambiar la situación de expoliación en la que vive la gente. Lo único que puede mejorar sus condiciones de vida es la reinterpretación de devociones como ésta, de tal manera

---

[157] Zengarini, Gabriela. *"El Señorcito de los Milagros: Un aporte del catolicismo popular a la reflexión misionológica"*. Publicado 30 de mayo, 2003. Recuperado Octubre 18 de 2005 de <http://www.misiones.catholic.net/milagros.htm>, sin número de página (en lo sucesivo: "snp").

[158] Ibid., snp.

que su ruego se traduzca en acción liberadora y elimine de una vez por todas razonamientos como el que nos ofrece Ivone Guevara:

> El lenguaje de las promesas y de los milagros es, en primer lugar, una manera de no dejarse caer en la desesperación. Este lenguaje ha sido construido en orden a un sentido que sea capaz de sustentar la vida. Encontrar la causa del mal y combatirla simbólicamente a través de dones, promesas, rezos, velas, peregrinaciones o ayunos, procura, en primer lugar, la satisfacción inmediata de no permanecer de brazos cruzados ante el sufrimiento; hay un contraataque contra el mal.[159]

Es cierto, en el contexto de esta perspectiva, que es diametralmente opuesta a la de la verdadera fe, "el lenguaje de las promesas y de los milagros" rescata a los creyentes de la desesperación, pero al mismo tiempo los hunde en un estado de falsa seguridad; en un creer que todo estará bien, cuando en realidad la situación será peor. No se trata, entonces, de combatir el mal simbólicamente, sino de arrancarlo de raíz. Hablar de "sustentar la vida" combatiendo los males simbólicamente es, en simples palabras, engañarse a sí mismos; con esto no se sustenta la vida, al contrario, se patrocina la muerte.

Y para terminar con el Señor de los Milagros, lo único que habría que agregar es que, afiliarnos al pensamiento que nos presenta Ivone Guevara, equivaldría a cruzarnos de brazos, pues su contraataque simbólico en nada ayuda a eliminar de raíz la injusticia social que denuncia el Evangelio.

---

[159] Ivone Guebara: *Teología a ritmo de mujer,* Madrid, San Pablo, 1995, pp. 90-95, citada por Gabriela Zengarini, ob. cit. snp.

Otro caso de devociones caducas es el de Juan Diego, a quien se le apareciera, supuestamente, la Virgen de Guadalupe en México.

Nadie niega la importancia que esta devoción —la de la aparición de la Virgen de Guadalupe a Juan Diego— tiene para los mexicanos; sin embargo, haciendo un análisis más de cerca, encontramos que existen muchas preguntas por responder antes de considerarla auténtica.

Empecemos con Juan Diego y su canonización.

Existe la sospecha de que el origen de su canonización tenga raíces políticas, y que, en cambio, nada tenga que ver con la santidad de la persona.

Según D. A. Brading, "...la causa de Juan Diego surgió de una matriz cristera, y se justificó como el medio por el que el campesinado indígena se incorporaría finalmente a la Iglesia".[160]

Esto lo confirma, dice Manuel Olimón Nolasco, la carta pastoral que enviara Monseñor José de Jesús Manríquez y Zárate a obispos y teólogos, en la cual "...arguyó que se 'fortalecería la Iglesia con la entrada de tres millones de indios que abandonarían su preocupante desconfianza en el clero, nacida de siglos de explotación'".[161]

Todo esto indica que los intereses políticos han jugado un papel muy importante en conexión a la santidad de Juan Diego.

Sin embargo, aparte del dudoso origen de su canonización, existen cuestiones más serias. Por ejemplo:

---

[160] Olimón Nolasco, Manuel: *La búsqueda de Juan Diego*, México, Ed. Plaza Janés Editores, 2002, p. 22, donde cita a D. A. Brading en: *MexicanPhoenix*, p. 341 (traducido por Manuel Olimón Nolasco) (*La Virgen de Guadalupe*, p. 525).

[161] Ibid., p. 20 y cita a Monseñor José de Jesús Manríquez y Zárate quien a su vez es citado (nota 27) por D. A. Brading en: obr. cit. p. 311 (y en la traducción de esta obra de Olimón Nolasco en: *La Virgen de Guadalupe*, pp. 481 y ss.).

> ...preguntas que aún no tienen respuesta, sobre todo en relación con una solidez biográfica que pueda sostener, independientemente de un "culto inmemorial" poco probable, la presentación objetiva de la vida santa del personaje que el relato principal de las apariciones del Tepeyac nombra como Juan Diego.[162]

Pero lo que más nos deja perplejos con respecto al indio, es el hecho de que "...quienes han escrito la *Positio* y *El encuentro de la Virgen de Guadalupe y Juan Diego* [estos documentos se pronuncian a favor de la canonización de Juan Diego], [...] no han sostenido hasta la fecha ningún diálogo con historiadores mexicanos [o extranjeros] ni en espacios académicos mexicanos".[163]

De ahí que, como dice Olimón Nolasco: "Coincido con Stafford Poole en que 'existen cuestionamientos serios en relación con la misma existencia de Juan Diego' y en que 'estos cuestionamientos deben ser resueltos antes de cualquier intento para canonizarlo'".[164] Por lo tanto —continúa Nolasco— "Considero que es importante cuestionar a quienes dicen estar tan seguros de una historia y pedirles que encuentren a Juan Diego por un sendero primario".[165] De otra manera —agrega—, "En vías de canonización, pues, se encuentra más un mito y un símbolo que un ser 'de carne y hueso'".[166] No será que en medio de todo esto

> ...habrá que apreciar la [...] situación que describía así en 1965 el Padre Félix Zubillaga:

---

[162] Ibid., p. 7.
[163] Ibidem.
[164] Ibid., p. 8 y cita a Stafford Poole en: *Observations on the historicity and Beatification of Juan Diego*, ms.6(2000).
[165] Ibid., p. 18.
[166] Ibid., p. 22.

"En la colosal epopeya del Tepeyac, que vive el pueblo mejicano desde sus principios hasta nuestros días con ritmo siempre creciente, sus posibles orígenes sobrenaturales se han coloreado con religiosidad acaso exagerada, no dejando libre acceso a la razón serena y crítica para examinarlos con objetividad".[167]

Y a propósito de sobrenatural, y ahora hablamos de la Virgen de Guadalupe, ¿qué decir con respecto a su imagen estampada milagrosamente en la tilma de Juan Diego?

Aquí también, aquellos en pro de una canonización del indio, se han quedado cortos al hacer a un lado la ciencia y no permitir que ésta la confirme o la desmienta. Pues

...nos consta que la imagen de la Santísima Virgen María, por nosotros altamente venerada, es una pintura realizada por mano humana en una tela de cáñamo (no de 'ixtle' o agave). Por lo cual no se puede afirmar con seriedad científica que sea de origen sobrenatural. Los autores del libro *El encuentro de la Virgen de Guadalupe y Juan Diego* la observaron de una manera muy superficial, ya que en un peritaje serio tendría que ser observada directamente y no a través del cristal que la cubre, como de hecho ellos lo hicieron.[168]

[167] Ibid., p. 97 y cita al Padre Félix Zubillaga en: *La epopeya del Tepeyac, ermita y templo. Historia de la Iglesia en la América del Norte española,* p. 354.

[168] Carta enviada a S.E.R Card. Angelo Sodano (Secretario de Estado, 00120 Ciudad del Vaticano, Palacio Apostólico Vaticano, fechada 4 de diciembre del año 2001 y firmada por M. I. Cango. Dr. Carlos Warnholtz Bustillos, Prof. De Derecho de la Pontif. Univ. Mexicana; M. I. Cango. Lic. Esteban Martínez de la Serna, Ex. Dir. Biblioteca de la Basílica de Guadalupe;

Por otro lado, "Javier Lozano [científico] [...] declaró [...]: 'De acuerdo con nuestros expertos, [los autores de *El encuentro de la Virgen de Guadalupe y Juan Diego*] no tienen ningún fundamento científico [en relación con la autenticidad de la imagen de la Guadalupana en la tilma de Juan Diego]'".[169]

¿Qué se puede decir, entonces, con respecto al culto de la Virgen de Guadalupe?

Lo primero que habría que mencionar es que se desarrolla a partir del relato que publicó Luis Lasso de la Vega en 1649, y que a su vez procede de un texto más amplio que se conoce con el nombre de 'Huei Tlamahuizoltica' (El gran acontecimiento).[170]

A propósito, y esto es volviendo al asunto de Juan Diego por un segundo, me parece relevante mencionar que este texto —el de Lasso de la Vega— es el documento principal que los autores de la *Positio* usaron para justificar su canonización.

Regresemos ahora al tema de la Guadalupana.

¿Qué se puede decir de sus apariciones a Juan Diego? No será que como observa Olimón Nolasco: "En lo que corresponde al desarrollo del culto de la devoción, Nebel [Richard] propone estos paralelismos. España:

'Una época de desconcierto y de opresión de los cristianos por la invasión de los musulmanes; veneración que comienza inmediatamente por parte del pueblo; **aumentan las historias**

Revmo. Lic. Manuel Olimón Nolasco, Maestro de la Pontif. Univ. Mexicana y Mons. Guillermo Schulenburg Prado, Abad Emérito de Guadalupe y Protonotario Apostólico a. i. p.), citada por Manuel Olimón Nolasco: obr. cit., p. 186.

[169] Olimón Nolasco, Manuel: obr. cit., p. 29 y cita a Javier Lozano en: Entrevista concedida en Roma a Valentina Alazraki para la televisión mexicana el 25 de enero de 2002.

[170] Cf. Ibid., p. 43.

milagrosas [el énfasis es mío]; difusión de la peste y la epidemia y liberación de ellas por mediación de la Virgen de Guadalupe; silencio historiográfico desde fines del siglo XIII, la supuesta época de la aparición, hasta aproximadamente 1440, año de la redacción del primer manuscrito de una apologética guadalupana; fundación del convento hacia 1340 por el rey Alfonso XI, en agradecimiento por la victoria sobre los moros; 'Nuestra Señora de Guadalupe' se convierte en santuario nacional y signo de la hispanidad; decadencia durante la conquista y colonización del Nuevo Mundo [México]: Una época de desconcierto y de opresión para los indios recién convertidos después de la Conquista española; veneración que comienza inmediatamente por parte del pueblo; **aumentan las historias de los milagros** [el énfasis es mío]; brotes de epidemias y liberación de ellas; silencio historiográfico desde 1531, la fecha supuesta de la aparición, hasta 1648, la fecha de la primera obra de una apologética guadalupana'".[171]

Este paralelismo abre la posibilidad de que se trate de una transposición. Definitivamente refuerza las dudas expresadas por los firmantes de la carta del 4 de diciembre de 2001, enviada al Secretario de Estado del Vaticano, Cardenal Angelo Sodano, en relación con la existencia del indio, y también con respecto a las apariciones de la Guadalupana. Los mencionados firmantes reclaman:

---

[171] Ibid., pp. 67-8 y cita a Richard Nebel en: *Santa María Tonantzin Virgen de Guadalupe,* pp. 221-223.

Los libros, artículos y documentos de autores tanto antiguos como contemporáneos que niegan o por lo menos ponen en duda la existencia de Juan Diego, y consecuentemente las apariciones, ¿acaso han sido refutados directa y objetivamente, demostrando su falsedad?, o sólo dichos autores han sido "descalificados" o desprestigiados por otros motivos subjetivos y personales, como ha sucedido hasta ahora.[172]

En conclusión, la devoción a la Virgen de Guadalupe y a Juan Diego es una devoción caduca por una simple razón: porque los personajes carecen de historicidad y siendo así, las peticiones utilitarias de los devotos, caen en oídos sordos.

Mejor sería que la Iglesia católica en lugar de fomentar esta devoción egoísta le diera una nueva interpretación, en donde la pusiera a favor de la justicia social.

Y habiendo dicho esto, pasemos al último de los puntos en este estudio.

E. Reinterpretación de las devociones en la religiosidad popular

Una nueva realidad social exige que los cristianos modernos reinterpreten constantemente, a la luz de la fe, las devociones que profesan, de tal manera que éstas contengan el mensaje liberador de Jesucristo. Ante la injusticia que sufren nuestros pueblos, ya no hay lugar para devociones individualistas, basadas en la petición y no en la acción.

Creo que

---

[172] Carta enviada a S:E:RCard. AngeloSodano, ob. cit. y citada por Manuel Olimón Nolasco en: obr. cit., p. 186.

La religiosidad popular puede ser ocasión o punto de partida para un anuncio de la fe. Sin embargo se impone una revisión y un estudio científico de la misma, para purificarla de elementos que la hagan inauténtica no destruyendo, sino, por el contrario, valorizando sus elementos positivos. Se evitará así un estancamiento en formas del pasado, algunas de las cuales aparecen hoy, además de ambiguas, inadecuadas y aún nocivas.[173]

Hay que recordar que "...la salvación no se da por la abundancia del ejercicio espiritual, sino por la práctica solidaria capaz de dar más dignidad y vida a quienes necesitan de ellas...".[174]

Por otro lado, es imperante que las devociones contengan el elemento bíblico, y que estén íntimamente relacionadas con el gran evento de la historia de la salvación y no solamente con nuestras necesidades personales inmediatas.[175] Pues "Según la voluntad de Dios los hombres deben santificarse y salvarse no individualmente, sino constituidos en comunidad".[176]

Ante esta situación, la Iglesia tiene la gran responsabilidad de llevar a cabo una evangelización nueva, capaz de transformar la visión de la religiosidad popular y de sus devociones un tanto rezagadas y caducas, por otras que, partiendo de las Escrituras, traigan esperanza y

---

[173] *Medellín Conclusiones*: *La Iglesia en la actual transformación de América Latina a la luz del Concilio*: Consejo Episcopal Latinoamericano (CELAM), 14ª edición, Segunda Conferencia General del Episcopado Latinoamericano, Bogotá, Colombia, 1987, p. 68.

[174] Lima López de, José Reinaldo (Universidad de São Paulo, Brasil): *La Teología de la Liberación en el Brasil y los Movimientos Sociales*, en: Cuadernos..., obr. cit., p. 187.

[175] Cf. Ball, Ann: obr. cit., p. 14.

[176] *Medellín Conclusiones...*: obr. cit., p. 61, No 9.

edifiquen así un mundo mejor para todas aquellas personas que sufren injusticias.

Y en el caso específico de nuestro continente,

> ...*la Iglesia de América Latina, lejos de quedar tranquila con la idea de que el pueblo en su conjunto, posee ya la fe, y de estar satisfecha con la tarea de conservar la fe del pueblo en sus niveles inferiores, débiles y amenazados, [debe proponerse y establecer] [...] una línea de pedagogía pastoral que:*

> a) *Asegure una seria re-evangelización de las diversas áreas humanas del continente [y];*

> b) *Promueva constantemente una reconversión y una educación de nuestro pueblo en la fe a niveles cada vez más profundos y maduros, siguiendo el criterio de una pastoral dinámica, que en consonancia con la naturaleza de la fe, impulse al pueblo creyente hacia la doble dimensión personalizante y comunitaria.*[177]

Y así por ejemplo,

> Que se impregnen las manifestaciones populares, como romerías, peregrinaciones, devociones diversas, de la palabra evangélica. Que se revisen muchas de las devociones a los santos para que no sean tomados sólo como intercesores sino también como modelos de vida de imitación de Cristo. Que las devociones [...] no lleven al hombre a una aceptación semi-fatalista sino que

---

[177] Ibid., p 61, No. 8.

lo eduquen para ser co-creador y gestor con Dios de su destino.[178]

Es obligación de la Iglesia formar una fe madura en cada uno de los cristianos, para que por medio de ella puedan enfrentar los constantes desafíos que pretenden reducirlos a un estado de injusticia. Para esto, "Siendo tan arraigados en nuestro pueblo ciertas devociones populares, se recomienda buscar formas más a propósito que les den contenido litúrgico, de modo que sean vehículos de fe y de compromiso con Dios y con los hombres".[179]

Y para llevar a cabo esta tarea, es imprescindible que la jerarquía católica reconozca que

> La comunidad cristiana de base es [...] el primero y fundamental núcleo eclesial, que debe, en su propio nivel, responsabilizarse de la riqueza y expansión de la fe, como también del culto que es su expresión. Ella es, pues, célula inicial de estructuración eclesial, y foco de la evangelización, y actualmente factor primordial de promoción humana y desarrollo.[180]

En ella —la comunidad cristiana de base— "...también se renueva la doctrina o enseñanza social de la Iglesia".[181] La CEB (Comunidad Eclesial de Base), "...de manera explícita y programada, da educación política: análisis de la realidad, estudio de las fuerzas políticas en juego, de las alternativas políticas posibles, etcétera".[182] "En la CEB el

[178] Ibid., p. 62, No. 12.
[179] Ibid., p. 77, No. 15.
[180] Ibid., p. 110, No. 10
[181] Richard, Pablo: obr. cit., p. 125.
[182] Ibidem.

pueblo recupera su memoria, su identidad y su esperanza y así se transforma en sujeto de su propia historia".[183]

No estaría por demás señalar que aun cuando esta nueva forma de re-inventar la Iglesia ya se ha venido dando, es a veces tarea imposible, pues hay ciertas tradiciones que son muy difíciles de modificar, sin incurrir en polémicas de alguna u otra forma. En ocasiones la misma jerarquía eclesial es la que se opone para darle un nuevo significado a la fe de los creyentes; y en otras ocasiones son los mismos creyentes los que se resisten a tratar de ver nuevos mensajes en el Evangelio.

"Como consecuencia, los responsables de la catequesis se encuentran ante una serie de tareas complejas y difíciles de conjugar".[184] Es decir, tienen que

- *Promover la evolución de formas tradicionales de fe, propias de una gran parte del pueblo cristiano, y también suscitar formas nuevas;*

- *Purificar cuando es necesario formas tradicionales de presencia; y al mismo tiempo, descubrir una nueva manera de estar presente en las formas contemporáneas de expresión y comunicación en una sociedad que se seculariza;*

- *Asegurar, por fin, el conjunto de estas tareas utilizando todos los recursos actuales de la Iglesia; y al mismo tiempo, renunciar a formas de influencia y actitudes de vida que no sean evangélicas.*[185]

---

[183]   Ibidem.
[184]   *Medellín Conclusiones...*: obr. cit., p. 68, No. 3.
[185]   Ibidem.

Por más difícil que sea esta tarea, una cosa debe quedar en claro:

> Hablar de Jesucristo Liberador supone algo previo. La liberación se halla en correlación opuesta a la dominación. Venerar y anunciar a Jesucristo Liberador supone pensar y vivir la fe cristológica desde un contexto socio-histórico de dominación y opresión. Se trata, pues, de una fe que se esfuerza por captar la relevancia de aquellos temas que implican una transformación estructural de una determinada situación socio-histórica. Esa fe elabora analíticamente dicha relevancia, dando lugar a una cristología centrada en el tema de Jesucristo Liberador. Tal cristología supone un determinado compromiso político y social en el sentido de una ruptura con la situación de opresión.[186]

Y para concluir, diría que solamente con una reinterpretación de las devociones, desde el punto de vista de una fe más madura, se podrá alcanzar esa liberación de la cual nos habla el Evangelio, y que comprende todos los ámbitos de la vida humana, incluyendo, sí, el de la justicia social. En otras palabras, como indica Leonardo Boff:

> Puede suceder que [...] [la] Cristología [la de Jesucristo liberador] vaya acompañada de una exigente exégesis crítica, una reinterpretación de los dogmas [y actos devotos] cristológicos fundamentales y una explicación de las dimensiones liberadoras que se hallan presentes en todas las articulaciones de la fe cristiana. Sensibilizada por la situación humillante,

---

[186] Boff, Leonardo: *La fe en la periferia del mundo...*, obr. cit., p. 17.

reacciona desde la propia fe y procura pensarla y vivirla de tal manera que pueda significar un apoyo a la tarea de la liberación económica y política de los humillados y ofendidos de la sociedad.

Desde esa perspectiva puede ya efectuarse una crítica de las imágenes tradicionales de Cristo que no instigaban a la liberación, sino que, por el contrario, de algún modo constituían elementos de apoyo del proyecto colonizador de dominación. Los Cristos agonizantes y moribundos de la tradición latinoamericana son <<Cristos de la impotencia interiorizada de los oprimidos>> (Assmann). La Virgen Dolorosa, con su corazón traspasado, personifica la sumisión y la dominación de la mujer; sus lágrimas expresan el dolor por los hijos asesinados en beneficio del poder y el oro del colonizador. Junto a esta Cristología de la dominación, con sus Cristos-monarcas imperiales, cubiertos de oro cual si se tratara de un rey portugués o español, o sus Cristos-guerreros vencedores.[187]

Sin una cristología que se rebele contra las devociones fosilizadas y caducas de la religiosidad popular y auspiciadas por la Iglesia, jamás podrá haber justicia social, según se entiende en el Evangelio.

---

[187] Ibid., pp. 24-5.

CONCLUSIÓN

—◦❖◦—

La Iglesia no puede seguir reclamando el derecho a promulgar dogmas, especialmente si dichos dogmas no encuentran su legitimidad ni en las Sagradas Escrituras ni en la Tradición.

Pero, si esta institución no puede sacudirse la adicción a crearlos, pues por lo menos deben ser dogmas que estén de acuerdo con la realidad del momento; debe desistir de la mala costumbre de obligar declaraciones de fe que fueron creadas para otros entornos culturales en otras épocas.

Por otro lado, la Iglesia debe emprender una pastoral más inclusiva, de acuerdo a la cual hable menos y escuche más a los creyentes. El diseño de esta pastoral giraría alrededor de las necesidades espirituales de sus seguidores, y no alrededor de la ambición de poder y control del Papa y sus Obispos; lo cual iría en contra de las Sagradas Escrituras y de la Tradición.

El Magisterio debe hacer a un lado todo tipo de argucias, inclusive la dudosa sucesión de Pedro y otras patrañas, para justificar su primacía. Tiene —si no quiere que los creyentes lo abandonen— que despojarse de esa arrogancia que insiste en la exclusividad de dictar cómo se debe vivir la fe. En su lugar, debe pedir perdón por todos los engaños que ha montado en aras de su hegemonía; y seguir el ejemplo de Pedro, quien nunca alegó estar por sobre sus hermanos. En otras palabras, debe regresar al cristianismo de los primeros tiempos en donde lo más importante era el Evangelio, no el jefe de la Iglesia, y en donde todos participaban por igual para difundir el mensaje liberador de Jesucristo.

En cuanto a las devociones, la Iglesia se encuentra frente a una situación que exige inmediato remedio: es necesario cambiar la visión utilitarista que tienen sus adeptos sobre las prácticas religiosas. Esta nueva visión debe hacer hincapié en la importancia de que dichas devociones partan de las Escrituras, de tal manera que su elemento principal lo constituya la esperanza, para crear así un mundo con mas justicia social.

En suma, los católicos modernos exigen una Iglesia con una mente abierta; quieren que se les permita pensar su propia fe; que se les reconozca el derecho que también tienen a comunicarse directamente con Dios, sin que el Magisterio esté en todo momento diciéndoles lo que Dios quiere de ellos. A menos que el Papa y sus Obispos entiendan este mensaje, los devotos buscarán caminos diferentes para atender sus necesidades espirituales.

BIBLIOGRAFÍA

Ajijola, Alhaj D.: *The Mith of The Cross*, Chicago, Illinois, Ed. Kazi Publications, 1979.

Ball, Ann: *A handbook of Catholic Sacramentals*, Huntington, IN., Our Sunday Visitor Publishing Division, 1991.

Berryman, Phillip: *Liberation Theology: The essential facts about the revolutionary movement in Latin America and beyond*, New York, Pantheon Books, 1987.

Boff, Leonardo: *La fe en la periferia del mundo: El caminar de la Iglesia con los oprimidos*, trad. por Jesús García-Abril, 2ª. Ed., Santander, España, Sal Terrae, 1980.

_____ *¿Magisterio o profecía? La misión eclesial del teólogo*, México, D. F., Ed. Palabra Ediciones, 1991.

_____ *Quinientos años de evangelización: De la conquista espiritual a la liberación integral*, Santander, Editorial Sal Terrae, 1992.

Calvez, Jean-Yves: *Fe y justicia: La dimensión social de la evangelización*, trad. Por José Fernández de Retana, S. J., España, Editorial Sal Terrae, 1985.

Catecismo de la Iglesia Católica, Asociación de Editores del Catecismo, España (Madrid), Ed. Coeditores Litúrgicos ET ALII-LIBRERÍA EDITRICE VATICANA, 1992.

Código de Derecho Canónico, Madrid, Biblioteca de autores cristianos, 1990.

Deirós, Pablo Alberto: *Historia del Cristianismo en América Latina*, Buenos Aires, Fraternidad Teológica Latinoamericana, 1992.

Dues, Greg: *Catholic Customs & Traditions: a popular guide*, Second Printing of revised edition, USA, BAYARD Mystic, Ct, 2000.

Ferguson, Sinclair B, et al.: *New Dictionary of Theology,* Downers Grove, Illinois, Inter Varsity Press, 1988.

Hines, Mary E.: *The Transformation of dogma: An Introduction to Karl Rahner on Doctrine*, New York/ Mahwah, Ed. Paulist Press, 1989.

Küng, Hans: *Christianity: Essence, History, and Future*, trad. por John Bowden, New York, Ed. Continuum, 1994.

_____*Infallible? An Unresolved Enquiry*, trad. por Eric Mosbacher, New York, Ed. Continuum, 1994.

Lima López de, José Reinaldo (Universidad de São Paulo, Brasil): *"La Teología de la Liberación en el Brasil y los Movimientos Sociales"*, en: Cuadernos Americanos Nueva Época, Universidad Nacional Autónoma de México, Año II, 12 Noviembre-Diciembre, 1988, Vol. 6, págs. 175-198.

Medellín Conclusiones: *La Iglesia en la actual transformación de América Latina a la luz del Concilio*, Consejo Episcopal Latinoamericano (CELAM), Segunda Conferencia General del Episcopado Latinoamericano, 14ª edición, Bogotá, Colombia, 1987.

Neumann, Erich: *The Origins and History of Consciousness*, third printing, Prinston, N.J., Prinston University Press, 1973.

Olimón Nolasco, Manuel: *La búsqueda de Juan Diego*, Primera edición, México, Plaza &Janés Editores, S.A., 2002.

Pinillos, María de las Nieves: *"Repercusión de la Teología de la Liberación en la Narrativa Iberoamericana"*, en: Cuadernos Americanos Nueva Época, Universidad Nacional Autónoma de México, Año II, 12 Noviembre-Diciembre, 1988, Vol. 6, pp. 60-68.

Rahner, Karl: *Theological investigations: God, Christ, Mary and Grace*, Volume 1, translated with an introduction by Cornelius Ernst, Baltimore, Helicon Press, 1961.

Reiser, William E. S. J.: *What are they saying about dogma?* New York, N. Y./Ramsey, N. J., Ed. Paulist Press, 1978.

Richard, Pablo: *La Iglesia Latino-americana entre el temor y la esperanza: Apuntes teológicos para la década de los 80*, Tercera Edición, San José Costa Rica, Ed. DEI, 1982.

Richard, Pablo (Dei, Costa Rica): *Las comunidades Eclesiales de Base en América Latina*, en Cuadernos Americanos Nueva Época, Universidad Nacional Autónoma de México, Año II, 12 Noviembre-Diciembre, 1988, Vol. 6, pp. 122-128.

Sheler, Jeffrey L.: *Is the Bible true?: How Modern Debates and Discoveries Affirm the Essence of the Scriptures*, United States of America, Harper San Francisco and Zandervan Publishing House, 1999.

Velasco, Ana María: *Función de lo mítico en Cien años de soledad*, Ann Arbor, Michigan, U-M-I Dissertation Information Service, University Microfilms International, 1982.

Vidales, Raúl (Centro Vasco de Quiroga, Morelia, Michoacán): *La Matriz Histórica de la Teología de la Liberación*, en Cuadernos Americanos Nueva Época, Universidad Nacional Autónoma de México, Año II, 12 Noviembre-Diciembre, 1988, Vol. 6, 101-121.

Zengarini, Gabriela: *"El Señorcito de los Milagros: Un aporte del catolicismo popular a la reflexión misionológica"*, Ed. Gabriela Zengarini. Publicado 30 de mayo, 2003. Recuperado octubre 18 de 2005. <http://www.misiones.catholic.net/milagros.htm>.